Tom
Peters

TOP50 *Projektmanagement*

Aus dem Amerikanischen
von Nikolas Bertheau

Machen Sie

aus jeder Aufgabe ein
Erlebnis

FÜNFZIG TIPPS, WIE SIE AUS JEDER
»AUFGABE« EIN PROJEKT MACHEN

Die amerikanische Originalausgabe erschien 1999 unter dem Titel *Reinventing Work: The Project 50. Fifty Ways to Transform Every »Task« into a Project that Matters!* bei Alfred A. Knopf Publisher, New York.

This translation published by arrangement with Alfred A. Knopf, Inc.

Der Econ Verlag ist ein Unternehmen
der Econ Ullstein List Verlag GmbH & Co. KG, München

1. Auflage 2001

ISBN 3-430-17459-7

© 1999 by Excel/A California Partnership
© für die deutsche Ausgabe 2001
by Econ Ullstein List Verlag GmbH & Co. KG, München
Lektorat: Dr. Petra Sternecker/Birgit Krapf
Alle Rechte vorbehalten. Printed in Germany
Gesetzt aus der 9,5/11 Officiana Sans bei Design-Typo-Print GmbH, Ismaning
Druck und Bindearbeiten: Pustet, Regensburg

WIDMUNG

Dick Anderson, ehemaliger Kommandierender Offizier beim 9. Mobilen Konstruktionsbataillon der US-Marine in Danang, Vietnam, der mich (Rekrut T.J. Peters, CEC, USN 693355) 1966 Can Do!*/WOW!-Projekte lehrte.

James Carville, für »die Kampagne« als Musterbeispiel eines WOW!-Projekts mit hohem Einsatz.

Susan Sargent, **Perk Perkins** und das **Dream Team**, »treue Anhänger« und unbeirrbare Schöpfer von Hunter Park und Riley Park, der außergewöhnlichsten öffentlichen Einrichtung im Süden Vermonts.

---

* **Tatsache: Das »Can Do!« des US-Marine-Konstruktionsbataillons war dem »Just Do It!« von Nike um 50 Jahre voraus.**

Was wir tun, bedeutet uns etwas. Die Arbeit ist vielleicht nicht das Wichtigste oder Einzige in unserem Leben. Vielleicht arbeiten wir, weil wir arbeiten müssen, aber wir wollen dennoch stolz sein auf das, was wir tun, wir wollen dafür geliebt und respektiert werden, und wir wollen, dass es etwas Besonderes ist.

Sara Ann Friedman, *Work Matters:*
Women Talk About Their Jobs and Their Lives
Harvard Business Review

TOP50: CREDO

IHR SCHREIBTISCHSKLAVEN ... STREIFT DIE STÖCKELSCHUHE AB ... LOCKERT DIE KRAWATTEN ...

ARBEIT KANN COOL SEIN!

ARBEIT KANN SCHÖN SEIN!

ARBEIT KANN SPASS MACHEN!

ARBEIT KANN ETWAS BEWIRKEN!

SIE KÖNNEN ETWAS BEWIRKEN!

NIEDER MIT DEN BÜROWÄNDEN!

RUNTER MIT DEN DILBERT-CARTOONS!

DIE BÜROREVOLUTION IST AUSGEBROCHEN!

90 PROZENT UNSERER JOBS
SIND IN GEFAHR!

NEHMEN SIE IHR LEBEN SELBST
IN DIE HAND!

STELLEN SIE HIERARCHIEN AUF DEN KOPF!

MACHEN SIE JEDES PROJEKT
ZU EINEM WOW!

SEIEN SIE BESONDERS ...
ODER SIE WERDEN AUSGESONDERT!

*EIN NEUES JAHRTAUSEND BEGINNT:
WENN NICHT JETZT ... W-A-N-N D-A-N-N?*

TOP50
VORWORT

Wir wollen Dilbert nicht kritisieren. Wer würde das wagen? Aber wir glauben, dass Arbeit cool sein kann. DASS ARBEIT SINN MACHT.

Tom Peters

Arbeit – Ihre und meine – wie wir sie heute kennen, wird in den nächsten zehn Jahren neu erfunden werden. So einfach ist das. Und so folgenreich. Hier erfahren Sie warum ...

Der alte Gewerkschaftsaktivist erinnert sich: 1970 (nicht gerade vor einer Ewigkeit) brauchten 108 Kerle fünf Tage, um eine Schiffsladung Holz zu entladen. Und heute? Die Stunde der Container hat geschlagen: acht Leute ... ein Tag.

So war es auf dem Bauernhof, als der Mähdrescher Einzug hielt. Und so war es in den Lagerhäusern, als der Gabelstapler kam. Und dasselbe geschah in den Docks.

Aber hoppla, ein neues Jahrtausend bricht an. Mindestens 90 Prozent von uns – sogar im so genannten »produzierenden« Gewerbe – arbeiten an Schreibtischen. Tatsache ist: Von Produktivität im Büro kann keine Rede sein. Hat uns auch nicht wirklich interessiert. Noch nie. Bis jetzt ...

Es ist ein nagelneues Spiel. DIE BÜROREVOLUTION IST AUSGEBROCHEN! Der »Laden« Buchhaltung wird unter dieselbe Lupe genommen wie die Docks. Wir werden uns noch umsehen.

Die Revolution: Informationssysteme. Informationstechnologie, Ressourcenplanungssysteme, Intranets,

Wissensmanagement, Kundenmanagement, das Internet, Globalisierung, weltweite Deregulierung etc., etc. All das führt zu einer revolutionären Umwälzung in einer Größenordnung, wie sie – ohne Übertreibung – vielleicht nur alle 100, 200, 500 (?) Jahre stattfindet.

Womit wir bei dieser neuen Buchreihe sind, die nichts weiter zum Ziel hat, als Arbeit völlig neu zu erfinden (was wir denken, was wir tun, wie wir uns einbringen). Die revolutionäre Neuerfindung der Arbeit bietet die einmalige Gelegenheit zur Befreiung – in unseren Organisationen und unserem Leben.

Dieses Buch gehört zur ersten Serie einer Veröffentlichungsreihe, der wir den Titel TOP50 gegeben haben. Jedes Buch beschreibt einen anderen Aspekt von Arbeit in der New Economy. Jedes Buch kreist um 50 elementare Ideen.

Die Herausgeber

INHALT

11a. Heute schon jemandem auf die Füße getreten? (Alle WOW!-Projekte provozieren das Establishment.)

12. BEGEISTERTE FANS! Gesucht: Kunden, die Ihre Sache LIEBEN.

12a. MACHEN SIE FRAUEN zu Ihren begeisterten Fans. Bedienen Sie ... ausdrücklich ... den (anderen) Bedarf von Frauen.

13. Wir sind Pilger ... Pioniere ... Piraten ... auf einem Kreuzzug.

14. Schaffen Sie sich einen »Freiraum« – im wahrsten Sinn des Wortes.

15. Beschreiben Sie das Projekt für Ihren künftigen Lebenslauf. Jetzt. Hört sich das gut an?

16. Nutzen Sie den Regenbogeneffekt: Coole Projekte kommen durch coole Leute zustande. Die kreative Mischung macht's.

17. Betrachten Sie Ihr WOW!-Projekt als eigenes Unternehmen.

18. Termine sind heilig. WOW!-Projekte liefern pünktlich!

19. Suchen Sie sich einen weisen Freund. Wer ein WOW!-Projekt leitet, braucht einen exzellenten Berater.

20. Finden Sie Mitverschwörer. Gründen Sie ein Netzwerk. Je eher, desto besser.

20a. Rekrutieren Sie Kunden. Denken Sie von Anfang an ... anwenderorientiert.

21. DAS ZIEL STETS VOR AUGEN: Beschreiben Sie die Erfolgskriterien Ihres Projekts auf einer Karteikarte, die Sie ständig bei sich tragen.

REPRISE: Kreieren

II. Verkaufen!

22. Entwickeln Sie ein prägnantes Verkaufsargument für Ihr WOW!-Projekt. Verkaufen = Kürze.

22a. Zeit für Metaphern! Sie brauchen ein überzeugendes Erkennungsmerkmal/Image.

23. »Verkaufen« Sie an jeden ... jederzeit, aber halten Sie die Bosse zunächst auf Distanz.

24. Sorgen Sie für Aufsehen/wecken Sie Neugier und Begeisterung ... unablässig!

25. Leisten Sie »Gemeinschaftsarbeit«. ERWEITERN SIE IHR NETZWERK – STÄNDIG!

26. Heißen Sie Späteinsteiger herzlich willkommen! Ein Anhänger ist ein Anhänger ... egal, wann er dazukommt.

27. Huldigen Sie dem großen Chor. VERGESSEN SIE NIEMALS IHRE FREUNDE! (Ganz gleich, wie beschäftigt Sie sind.)

28. VERSCHWENDEN SIE KEINE ZEIT MIT IHREN FEINDEN. (Sie werden Sie sowieso nicht überzeugen.)

29. Schaffen Sie sich ein erstklassiges Beratergremium. (Sie sind so cool wie die Leute, die Sie offiziell unterstützen.)

30. Lernen Sie, sich selbst zu helfen. Leben Sie auf kleinem Fuß. Zu viel Geld schafft Abhängigkeit.

31. Beta-Tester! Sie brauchen ein Kundenversuchsgelände. Je eher, desto besser.

REPRISE: Verkaufen

III. Implementieren!

32. Aufteilen! Testen! Ausprobieren!

33. WERDEN SIE ZUM PROTOTYP-FANATIKER!

33a. Verbreiten Sie die Idee: MACHEN SIE PROTOTYPEN ZUM BESTANDTEIL IHRER UNTERNEHMENSKULTUR.

34. SPIELEN SIE. Suchen Sie sich Spielgefährten. Die Implementierung lebt vom spielerischen Element.

35. Verkürzen Sie die Feedback-Wege. HOLEN SIE SICH RÜCKMELDUNGEN ... AUS DEM »WIRKLICHEN LEBEN«. (Wieder. Und wieder. Und ... immer ... wieder.)

36. Weg damit! Sie müssen zur Zerstörung und zum Neuanfang bereit sein, wenn Sie wirklich WOW!-Qualität erreichen wollen.

37. REKRUTIEREN SIE UNABLÄSSIG! Sie müssen Ihre WOW!-Anhängerschaft ständig vergrößern.

37a. GESUCHT: EIN HOFNARR! Humor ist die Rettung, ... wenn Sie unter Dauerbeschuss stehen.

38. Legen Sie einen Projektordner an! Je d-i-c-k-e-r, desto besser. Sie brauchen eine zentrale Dokumentation.

39. Arbeiten Sie mit Listen! Kompakte Zusammenfassungen sind ein höchst wirksames Instrument.

40. LEBEN SIE IHREN ZEITPLAN. WERDEN SIE EIN MEILENSTEIN-FANATIKER.

40a. Gesucht: Vollender! Die letzten zwei Prozent entscheiden über »ordentliche Arbeit« oder »WOW!«.

41. Besprechungen im Blitztempo! Werden Sie ein Meister des 15-Minuten-Meetings.

42. VERBREITEN SIE ENTHUSIASMUS! Auch der kleinste Erfolg verdient es, gefeiert zu werden: Nennen Sie es »Antriebsmanagement«.

42a. Feiern Sie auch FEHLSCHLÄGE! Unmittelbare Misserfolge führen zu schnellen Erfolgen.

43. Bleiben Sie am Ball. Lassen Sie sich nicht durch die Erfordernisse der »Implementierung« von WOW! ablenken.

44. Ein WOW!-Projekt hat Identität, ... Seele, ... Charakter.

45. Zeit, das Netz weiter auszuwerfen: UMWERBEN SIE DAS ESTABLISHMENT!

46. KONZENTRIEREN SIE SICH AUF IHRE ANWENDERGEMEINSCHAFT. (Mehr denn je.)

47. Entwickeln Sie ein Attention-Management-Programm! Implementierung = Marketing. (Nennen Sie es: Die permanente Kampagne.)

REPRISE: Implementieren

IV. Aussteigen!

48. SCHLUSSVERKAUF! Wir müssen unsere Sache zum Mainstream machen, wenn wir wollen, dass sie lange lebt.

48a. Rekrutieren Sie Mister Follow-up. Nehmen Sie die Nachfolgeplanung ernst!

49. Positionieren Sie Ihre Mitstreiter im Establishment, ... sodass sie das WOW! verkünden können.

50. Machen Sie Ihren WOW!-Erfolg publik. Feiern Sie. UND DANN: AUF EIN NEUES!

Nachwort

Die Bewegung!

Quellen zum Lesen und Anschauen

Danksagungen

EINLEITUNG: WARUM SO VIEL AUFHEBENS UM PROJEKTE?

Die Bürorevolution ist da. (Endlich.) Sie wird mindestens 90 Prozent aller Beschäftigten – ob vorbereitet oder nicht! – spätestens in den nächsten zehn Jahren überrollen.

*Und die meisten von uns sind **nicht** darauf vorbereitet.*

Es ist ganz einfach, mein lieber Watson. Die meisten Bürojobs – wie wir sie kennen – werden in dem Maß verschwinden, wie wir ERP/Enterprise Resource Planning und dergleichen in den Griff bekommen. Sie lesen richtig, Kollegen: mindestens 90 Prozent. Weg. Und tschüss. Gegenüber der Bürowelt von 2004 wird sich das »Reengineering« Mitte der neunziger Jahre als eher unbedeutende Veränderung ausnehmen.

DIE UNERFORSCHTE PROFESSIONELLE SERVICEFIRMA ALS BEISPIEL

Es gibt eine Klasse von Organisationen, die die Büroarbeit seit langem in etwas Glänzendes ... und verdammt Profitables verwandelt hat. Die professionellen Servicefirmen ... oder »PSF«, wie ich sie nenne. Zum Beispiel Anwälte, Architekten, Grafikdesigner, Industriedesigner, Ingenieurbüros, Managementberater, Wirtschaftsprüfer, Werbeagenturen. Diese Unternehmen, die einst an der Peripherie angesiedelt waren – und geradezu als Parasiten der auf Produktion basierenden Ökonomie angesehen wurden –, sind jetzt Herzstück und Vorbild der so genannten »Knowledge Economy«.

(Die Ironie: Wir wissen sehr wenig über diese Firmen. Wie und warum sie funktionieren. Wir haben sie nicht erforscht. Ich kann den Grund nur darin vermuten, dass wir sie nicht ernst genommen haben. Wir sahen in ihnen tatsächlich so etwas wie Parasiten.)

Einige sind groß ... wie Arthur Andersen und Andersen Consulting ... oder EDS. Ihr Jahresumsatz liegt bei vielen Milliarden US-Dollar. Und sie können über 100 000 Leute beschäftigen. Daneben gibt es die Ein-Personen-PSFs – den lokalen Wirtschaftsprüfer, der, sagen wir, von seinem Gästezimmer aus operiert. Aber sie alle verfolgen ein Ziel: unter Einsatz ihres Wissens Dienstleistungen anzubieten und Geld zu verdienen. **Punkt.**

Meine (grausame?) Schlussfolgerung: Im Rahmen der Bürorevolution werden diejenigen überleben – auf einer Firmengehaltsliste oder nicht –, die die Eigenschaften »echter« professioneller Servicefirmen annehmen. Und die sich – ebenfalls unabhängig von ihrem gegenwärtigen offiziellen Status – wie Selbständige verhalten.

Was mich ... unweigerlich ... endlich ... auf die Form dieser Arbeit selbst bringt. Nämlich zum Thema P-r-o-j-e-k-t-e.

PROJEKTE VON RANG:
DIE (EINZIG MÖGLICHE) (NEUE) RICHTSCHNUR

Die professionelle Servicefirma – ob mit 2 oder 22 222 Beschäftigten – hat einen immer gleichen, gemeinsamen Nenner: das Projekt. Projekte – mit definierten Anfangs- und Endpunkten, Kunden und Zielen – sind das, womit sich professionelle Servicefirmen beschäftigen. **Punkt.** Wenn Sie in eine von ihnen eintreten, finden Sie sich an Ihrem ersten Arbeitstag zur Mittagszeit in einem Projekt- team wieder. (So erging es mir bei McKinsey & Co. im De- zember 1974. Ich kam um 9 Uhr zur Arbeit. Um 10 Uhr gehörte ich zu einem Projektteam, das einen agro-chemi- schen Betrieb mit einer Viertelmilliarde US-Dollar Umsatz bewerten sollte. Um 13 Uhr war ich auf dem Flug nach Clinton, Iowa, um den Kunden zu besuchen.) Und Sie sind auch noch eine Stunde, bevor Sie den Hauptschlüssel zurückgeben und für immer Abschied nehmen, in einem Projektteam. (Auch dies erlebte ich so bei McKinsey im Dezember 1981. Ich leistete sogar noch nach Verlassen der Firma Vertragsarbeiten im Rahmen meines letzten Projekts.)

Und hier zeigt sich nun das wirklich Merkwürdige: Wir haben nicht nur versäumt, die professionellen Servicefir- men zu erforschen, wir wissen auch nichts über Projekte. Gewiss, wir kennen die Instrumente des Projektmanage- ments – Balkendiagramme, Gantt-Karten, PERT/CPM (Pro- gram Evaluation and Review Technique/Critical Path Method). Und haufenweise Software wie Microsoft Pro- ject.

Aber: Fast alles, was es zum Thema Projekte gibt, klammert die Hauptfrage aus. Was ist das Wesen eines Projekts? Was macht »es« zu einem denkwürdigen Ereig- nis? Oder einem nicht so denkwürdigen?

Ich habe 30 Jahre lang Wirtschaft studiert. Natürlich habe ich Kurse in Buchhaltung besucht. Ich teile die Auffassung bezüglich der Wichtigkeit dieser Methoden, ... und ich setze auf Balken- und PERT-Diagramme. (Mein zweites Ingenieursdiplom habe ich in Konstruktionsmanagement erworben, und ich kenne PERT in- und auswendig.) Aber meine Karriere war der »anderen« Seite des Unternehmens gewidmet: der Leidenschaft, den Emotionen, der Begeisterung, den Träumen und den »noblen« Misserfolgen. Und ich bin fest davon überzeugt, dass die Chancen der beginnenden Bürorevolution in diesen Bereichen zu suchen sind.

Das heißt: **Das wirkungsvolle Projekt ist der Diamant, ... der Goldklumpen, ... das Elementarteilchen, von dem aus die neue Bürowelt konstruiert oder rekonstruiert werden wird.** Mein unverblümtes Ziel: die Sprache der Projekte neu zu erfinden. (Und dabei gleichzeitig ... Arbeit neu zu erfinden!) Nein, ich erkläre all die Softwarepakete nicht für nutzlos. (Obwohl die meisten sehr viel komplizierter sind als notwendig. »Eine gute ›Groupware‹?«, sagte ein Technologiemanager zu mir: »Ganz einfach: Sie heißt ›E-Mail‹.«) Aber ich möchte mich an dieser Stelle auf das konzentrieren, was ich »die fehlenden 98 Prozent« nenne: ... das Kreieren, ... Verkaufen ... und Implementieren von Projekten, mit denen Sie ... noch in **zehn** (!) Jahren von sich reden machen werden.

DIAMANTEN SAMMELN!

Seitdem ich faszinierende Projekte studiere, fesseln mich stets Individuen und Gruppen, die auf der Suche nach etwas sind. Lesen Sie zum Beispiel einen Artikel im *New Yorker* von Jean Strouse, die eine neue Biografie von J.P. Morgan verfasst hat. Brauchte die Welt im Jahr 1999 wirklich noch eine weitere »neue« Biografie von ihm? Nun, Frau Strouse berichtet, dass sie als Erste Zugang zu neuem Material über Morgan hatte. Hurra! Sie verbrachte *f-ü-n-f J-a-h-r-e* damit, es zu lesen. **Wunderbar! Oder: Wie cool!**

Und dann war da der erste Roman von Peter Landesman, *Meereswunden*. Er beschreibt das Leben von Hummerfischern aus Maine. (Und ... was für ein Leben.) Ich war verblüfft über die natürliche Autorität, mit der diese Leute allesamt ihr Handwerk beherrschen. Und über ihre Ausdauer. Und davon, wie weit sie – in dieser düsteren, unromantischen Erzählung – von Dilbertland mit all seiner Gleichgültigkeit entfernt sind.

Ganz zu schweigen vom Eröffnungsabend beim MASS MoCA (Massachusetts Museum of Contemporary Arts) am 30. Mai 1999. North Adams, Massachusetts, ist eine klassische ehemalige Industriestadt im Niedergang. Aber der visionären Inspiration von Thomas Krens, dem Direktor des Guggenheim Museums, ist es zu verdanken, dass eine verlassene Fabrik der Sprague Electric Company – unter der leitenden Hand von Architekten wie Frank Gehry – in das größte Zentrum für visuelle und darstellende Kunst in den Vereinigten Staaten verwandelt wurde (fünf Hektar, 27 Gebäude ... 20 000 Quadratmeter Galerien, Theater, Proberäume und Werkräume für verschiedenste Kunstrichtungen.) Die Hürden waren zahlreich: Als beispielsweise die finanziellen Quellen für das »Massachusetts-Wunder« versiegten, drohte auch die Streichung der komplementären staatlichen Mittel. Am Ende jedoch wurde aus einem »verrückten« Traum die strahlende Wirklichkeit. Der Korrespondent des *Wall Street Journal* schrieb über den Eröffnungsabend des Museums: »Ich habe die Zukunft gesehen, und sie heißt MASS MoCA.«

Also: **Arbeit kann etwas bewirken.**

UNSER »MODELL«

Unser Modell ist einfach. Und es bildet die Grundlage für dieses und andere Bücher derselben Reihe. Nämlich:

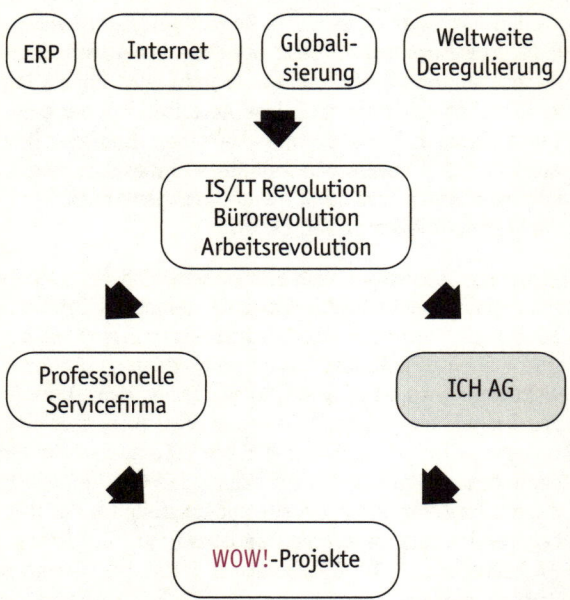

Die »Vorgaben« – Enterprise Resource Planning Systems, Electronic Data Interchange, Intranets, Internet etc. – heizen eine Revolution an. Das Einschlagsgebiet dieses Jahrtausendmeteors: die **Büros**.

Wer überleben will – ob auf einer Firmengehaltsliste oder nicht – muss (fast) alles Gelernte über Bord werfen und die Eigenschaften/Qualitäten einer PSF/**professionellen Servicefirma** entwickeln. (Siehe oben und das Buch *TOP50 – Servicemanagement* aus dieser Reihe.) Er wird sich wie ein selbständiger Unternehmer verhalten oder wie eine – nach meinem Vokabular – **ICH AG**. (Siehe unser Buch *TOP50 – Selbstmanagement*.) Die Überlebenden werden ein Produkt »sein« ... und sich eindeutig ... durch etwas Besonderes auszeichnen müssen.

Und der »Grundstoff« – das Basiselement – für PSF, ICH AG und die Bürorevolution: **das Projekt** (das Thema dieses Buches).

Das ist alles. Die drei Elemente. Die Organisation: die **professionelle Servicefirma**. Das Individuum: **die ICH AG**. Die Arbeit: **das Projekt**. Punkt.

IN DER PRAXIS ABHANDEN GEKOMMEN I: DAS PROJEKT

Ich begreife es nicht! Vor nicht allzu langer Zeit las ich ein fabelhaftes Buch über den neuen Beschäftigten als Geschäftsmann und Selbständigen: *Creating You & Co.* von William Bridges. Ich habe viel daraus gelernt ... und sogar etliches gestohlen (mit der gebührenden Erwähnung). Aber neulich nahm ich es mir noch einmal vor. G-r-o-ß-a-r-t-i-g. Ich hatte mich nicht geirrt. Aber stellen Sie sich vor: nicht ein Wort über Projekte. »Projekte« kommen nicht einmal im Index vor. Und dennoch, was ist (notwendigerweise) der Kern von *ICH & Co.*? *Mein* Tipp: das Projekt! Warum/wie konnte Mister Bridges das übersehen? – Wenn ich das nur wüsste.

Dann ist da *The Future of Staff Groups* von Joel Henning. Ein weiteres gutes und originelles Werk. Und eine seltene Abhandlung über dieses – weitgehend vernachlässigte – Thema. Index: Kein »Projekt«. W-a-r-u-m? (Siehe oben.)

Und in der kaum erforschten Welt der professionellen Servicefirmen gibt es nur einen Guru: David Maister. Ich *liebe* seine Arbeit! Lerne davon. Bediene mich immer wieder daraus (mit Erwähnung)! Ich nahm mir also sein letztes Buch *True Professionalism* vor. Großartig. Was fehlt im Index? Das Projekt. Wieder: *Warum?* Auch hier: Keinen Schimmer!

IN DER PRAXIS ABHANDEN GEKOMMEN II: DIE ARBEIT SELBST!

Wir brauchen keine großen Führungspersönlichkeiten. Wir müssen als Individuen nur immer weiter »fantastische Sachen« machen und uns nicht mit weniger zufrieden geben.
Seminarteilnehmer, Warschau (Dezember 1998)

Können Sie sich einen »guten« Kardiologen ohne eine Obsession für Herzen vorstellen?
Seminarteilnehmer, Zürich (Dezember 1998)

Das Komische an Managementbüchern ist, dass sie selten von der Arbeit selbst handeln. Von den kribbelnden Projekten, mit denen die Beschäftigten (hoffentlich) befasst sind. Gewiss, ... »die Arbeit« des Managements besteht aus Motivation, Inspiration, Organisation und Vision. Aber wie kann man diese Ideen verstehen, ohne über **... die Arbeit selbst zu sprechen?**

Ich vermute, dies ist der Grund, weshalb ich mich in *Mastery* von George Leonard auf Anhieb verliebte. Das Buch, das in der Hauptsache den langen Weg zum schwarzen Judogürtel beschreibt, handelt von ... der Arbeit selbst. Wie Leonard allmählich – unter großen Mühen und über einen langen Zeitraum – außergewöhnliche Fähigkeiten in etwas Besonderem erwirbt.

Ist es nicht seltsam, dass niemand (!) darüber schreibt, wie man »in der Personalverwaltung zu Meisterleistung« oder zu »außergewöhnlichen Fähigkeiten im Finanzwesen« gelangt? Hmmm ...

(Warum finden wir Personalwesen nicht ebenso cool wie Football? Die Denver Broncos – und ich bin ein absoluter Fan der National Football League – befördern eine mit Luft gefüllte Schweinsblase kreuz und quer über ein mit Kunstrasen bedecktes Feld. Die Leiterin der Bereichspersonalabteilung ist verantwortlich für die berufliche Entwicklung von, sagen wir, 623 Menschen. Für mich ... ist sie cooler als John Elway. Okay?)

Warum ist Silicon Valley so erfolgreich? Ich behaupte: Es ist de facto die Heimat der Anti-Dilbert-Bewegung! Das heißt, ein ungewöhnlich hoher Anteil der »Beschäftigten« befasst sich mit ... der Arbeit selbst. Sie lieben ihre Mission, ihre coolen Produkte, die (wie sie es sehen) weltverändernden Projekte, an denen sie beteiligt sind. (Und sie haben auch nichts gegen die dazugehörigen Aktienoptionen – Symbole *realen* Eigentums.)

Man muss Sachen machen, die der Durchschnittsmensch nicht versteht, denn das sind die einzig guten Sachen. Andy Warhol

Schieben Sie alles (warum nicht?) auf die Harvard Business School, ... die Eine-Größe-passt-für-alles-Mentalität der siebziger Jahre, derzufolge »gute Manager alles managen können«. Was fehlt, ist die Leidenschaft für die »Sache« – Autos, Fastfood, Anzeigen, Personalverwaltung, was auch immer.

Mit den Worten unseres Züricher Seminarteilnehmers, dessen Zitat diesen Abschnitt eingeleitet hat: Können Sie sich einen Kardiologen ohne eine Obsession für Herzen vorstellen? Einen Baseball-Profi, der nicht verrückt nach Baseball ist? Einen guten Hausmeister, der nicht auf Sauberkeit fixiert ist?

Ich nicht.

LEIDENSCHAFT PLUS

Dieses Büchlein handelt nicht von dem »leidenschaftlichen Aspekt« des Projektmanagements. Das wäre ein schreckliches Missverständnis! Es impliziert, dass 50 Prozent der Projektarbeit »kalt« ist (= Balkendiagramme). Und 50 Prozent »heiß« (= Leidenschaft). Das wäre eine gefährliche Trennung, ... die Antithese dessen, wofür ich kämpfe, ... nämlich die Integration *aller* Aspekte eines Projekts in ein denkwürdiges Ganzes. In diesem Buch geht es um *reale* Projekte und die *realen* Herausforderungen, die dabei zu bewältigen sind:

Herausforderung 1: An der Struktur und den Spezifika einer bestimmten Aufgabe so lange feilen, ... bis daraus ein »total cooles Projekt« wird, wie es einer meiner Mitstreiter formulierte.

Herausforderung 2: Dieses »total coole Projekt« verkaufen. Großartiges Projektmanagement entpuppt sich – im wirklichen Leben! – in erster Linie als Verkaufsspiel. Das heißt, Sie müssen alle möglichen Leute dafür gewinnen, Sie zu unterstützen, Ihnen zu helfen, Ihnen ihr Bestes zu geben!

Herausforderung 3: Umsetzung ... erfordert noch mehr Kunstfertigkeit! Kunden sammeln. Ergebnisse zügig testen. Immer weitermachen, ... revidieren, ... antreiben ... Schwung erzeugen. Für Aufsehen sorgen, ... und eine Atmosphäre der Unvermeidbarkeit ... rund um das Projekt schaffen. Das Projekt zu Ende führen und ein WOW!-Resultat abliefern – etwas, womit Sie in den kommenden zehn Jahren im Gespräch bleiben werden.

Herausforderung 4: Und dann, zum Schluss ... loslassen ... und das Projekt an »das Establishment« weiterreichen, damit es Teil der Alltagspraxis werden kann, der neuen (c-o-o-l-e-n) »Art, die bei uns üblich ist«.

TOTAL COOLE PROJEKTE

Will heißen: WOW!-PROJEKTE.

Oh ja! ... **Total cool.** Ich gestehe: Dies ist ein Buch über total coole Projekte. (Wir nannten es irgendwo *Die Kunst der wirklich coolen Projekte*.) Unser augenblicklich favorisierter Begriff: WOW!-Projekte. (WOW! = total cool.) David Ogilvy, der große Mann der Werbung, sagte, eine gute Anzeige »lässt Sie nach Luft schnappen«. Nightline-Moderator Ted Koppel bezeichnet richtig gute Nachrichtenstorys als *ladle droppers*: Nachrichten, die jemanden, der in der Küche am Kochen ist, den Löffel fallen und zum Fernseher eilen lassen. Also ich denke, gute – total coole! – Projekte wie der Mac von Apple (oder iMac), SR-71 von Lockheed, Gillette Sensor, MASS MoCA ... und dieses neue Trainingsprogramm, an dem Sie gerade arbeiten ... sollten uns nach Luft schnappen ... und den Löffel beiseite legen lassen.

Sie sollten ... **WOW!** ... sein.

Ein *W O W!*-Projekt ist ......

Ein **WOW!**-Projekt ... ist WOW! (Punkt.)

Ein **WOW!**-Projekt ... ist dynamisch, spornt an, schafft Nähe zu Mitarbeitern, macht Anwender neugierig und ... ist anregend, atemberaubend, scharf, cool, aufregend, ... etwas, bei dem jeder dabei sein will.

Ein **WOW!**-Projekt ... definiert eine wichtige Aufgabe oder Fragestellung neu und löst sie so spektakulär, dass die Beteiligten (Piraten?) noch zehn Jahre später dafür berühmt sein werden. (»Ich war im ursprünglichen Mac-Team.«) Über ihnen schwebt ein Innovations-Heiligen-schein.

Ein **WOW!**-Projekt ... bewegt sich mit Rekordge-schwindigkeit, ... überzeugt auch anfängliche Kritiker, ... erhebt schnelle Prototypen zum Prinzip, ... ist skeptisch gegenüber jeglicher Form von Bürokratismus.

Ein **WOW!**-Projekt ... wird konkret nach Schönheit + Anmut + WOW! + revolutionärer Wirkung + begeisterten Kunden »bewertet«.

Ein **WOW!**-Projekt ... ist existenziell. Es bildet das zentrale Element Ihres persönlichen Markenpotenzials. Haben Sie Ihre Chance, im Team dabei zu sein verpasst ... nun, mehr Glück beim nächsten Mal!

Ein **WOW!**-Projekt ... ist die Quintessenz von Persön-lichkeit und Charakter. Seine Herausforderungen sind ge-waltig, sein Lohn unermesslich. Es ist nichts für Zaghafte.

Ein **WOW!**-Projekt ... beginnt bei uns selbst.

DAS WOW!-PROJEKT, C'EST MOI!

In Wayne Wangs Film *Smoke* schüttet Auggie (gespielt von Harvey Keitel), ein Ladenbesitzer in Brooklyn, Paul Benjamin (William Hurt), einem Schriftsteller, dessen Frau auf offener Straße ermordet wurde, unvermittelt sein Herz aus. Er führt Benjamin in seine Hinterzimmerwohnung, zündet sich eine Zigarre an und kramt einen imposanten Stapel Fotoalben hervor. Auggie hat, wie sich herausstellt, über viele Jahre jeden Morgen zur selben Stunde von derselben Straßenecke ein Foto gemacht. Die Alben sind bewegend, wenn nicht mehr. Auggie verrät Benjamin: »Dies ist mein eigentliches Lebenswerk. Es ist mein *Projekt*.«

Ich liebe dieses Beispiel. Für mich fängt es das Wesentliche, die Leidenschaft, den Imperativ des P-r-o-j-e-k-t-s oder besser noch: des Projekts, das wirklich Sinn macht und den Einzelnen definiert, perfekt ein.

Es kann die Konstruktion des Kanaltunnels oder der Raumstation sein. Oder es können Fotos sein, die ... während vieler Jahre ... jeden Morgen zur selben Zeit von der selben Straßenecke in Brooklyn aufgenommen werden.

Der gemeinsame Nenner: Etwas, das Sinn macht! Etwas, das zählt! Etwas, was uns definiert! Etwas, das mit Seele erfüllt ist. Und mit Leben!

Es geht natürlich andere nichts an, aber ich bewunderte meine spätere Ehefrau, Susan Sargent, bevor ich sie liebte. Sie hatte Energie, Enthusiasmus und Fantasie: Sie hatte die Idee, in einer kleinen Stadt in Vermont ein Eishockeystadion von olympischen Ausmaßen zu bauen, das überdies in der warmen Jahreszeit als überregionales Veranstaltungszentrum genutzt werden konnte. Es war ein aberwitziger Traum. (Ein Fünf-Millionen-Dollar-Traum in einer Fünf-Dollar-Stadt.) Sie und ihre frühen Kampfgefährten nannten sich dann auch das »Dream Team«. Sechs Jahre lang kämpften sie gegen alle Widrigkeiten an. Die Rückschläge waren zahlreich. Aussichtslosigkeit gehörte zum Alltag. Und doch hat sie und ihre Horde von Abenteurern durchgehalten. Heute steht das Stadion, und es ist wahrlich ein *ladle dropper*. Im Übrigen ist sie eine erfolgreiche Künstlerin und Geschäftsfrau. Aber dieses Stadion war ihr WOW!-Projekt. Und es ist das »Projekt, über das sie sich definiert«.

Kann ein ganzes Arbeitsleben so sein wie dieses Stadion? Ich bin ehrlich davon überzeugt. Gewiss, viele Träume werden trotz harter Arbeit und heroischer Anstrengungen nicht wahr. Aber solange wir nicht zu träumen wagen und nicht Muskelkraft, Herz und Seele einsetzen, um den Traum zu verwirklichen, werden WOW!-Projekte – und all die emotionalen, intellektuellen, seelischen und finanziellen Reichtümer, die sie mit sich bringen – ganz sicher *nicht* unser Los sein.

Es geht um die Möglichkeit von WOW! **Okay?**

ORGANISATION

Unsere Bemühungen um die unzureichend erforschte Idee des Projekts/Projekts-das-Sinn-macht/WOW!-Projekts führten zur Identifizierung von vier Phasen:

* Kreieren!
* Verkaufen!
* Implementieren!
* Aussteigen!

Außerdem behaupte ich, dass drei der vier Phasen in neun von zehn (zehn von zehn?) Abhandlungen zum Thema Projektmanagement fehlen. Und »sie« – die Traditionalisten – irren in den meisten Fällen auch im Hinblick auf die Implementierungsphase, weil sie diese primär als einen mechanistischen Prozess betrachten, ... wo es sich doch im Wesentlichen um eine erweiterte Fortführung der Verkaufsphase handelt.

Zum Vergleich:

	KRE-IEREN	VER-KAUFEN	IMPLE-MENTIEREN	AUS-STEIGEN
Traditioneller Schwerpunkt	10%	0%	90%	0%
Unser Ansatz	30%	30%	30%	10%

Unsere Sicht: Die Gestaltung des Projekts (**»Kreieren«**) ist entscheidend. Das heißt: Ist es cool/lohnend? Kann es coole/unorthodoxe Mitstreiter anziehen?

Hausieren gehen (**»Verkaufen«**) ist für ein Projekt mit dem Ziel der effektiven Prozessumstrukturierung im Finanzbereich ebenso unerlässlich wie für eine geplante Broadway-Produktion.

Die Umsetzung (**»Implementieren«**) ist wichtig. Wir legen die Betonung dabei weniger auf die langwierige Planungs-, als vielmehr auf die systematische Versuchsphase. (Wir halten das, was wir »schnelle Prototypen« nennen, für so wichtig, dass wir diesem Thema ein ganzes Buch in dieser Reihe widmen: *TOP50 – The Quick Prototype*.)

Und schließlich ist auch die Übergabe an das Establishment (**»Aussteigen«**) eine edle Kunst, ... sofern die Wirkung des Projekts von Dauer sein soll.

* * *

Letztlich beabsichtigen wir nichts weniger, als das Projekt »Leben« neu zu definieren ... und gleichzeitig einen Anlauf zu machen, auch die Arbeit neu zu definieren. Leben (von Organisationen, von Individuen) = Projekte. Gut-gelebtes-Leben (von Organisationen, von Individuen) = WOW!-Projekte.

DAS WOW!-PROJEKT/EIN »ARBEITSTAG«

Ich war im späten Januar 1999 für einige Tage in New York. Am Dienstag ging ich in die Carnegie Hall, wo das Orchestra of St. Luke's unter der inspirierenden Leitung von Sir Charles Mackerras einen »Haydn-Abend« gab. Am Freitag sah ich in der Metropolitan Opera eine famose Aufführung von *Simon Boccanegra* mit Placido Domingo. Am Samstagmorgen fiel mir bei Rizzoli ein Buch in die Hände, von dem ich noch niemals gehört hatte, *Cities in Civilization* von Sir Peter Hall. Irgendwann unterwegs ging mir auf, dass jedes dieser »Ereignisse« ... Konzert, Aufführung oder Buch ... ein WOW!-Projekt ... und (sehr) weit weg von einem Arbeitstag in der Dilbertwelt war.

Was also ist der Unterschied?

PLACIDO-AN-DER-MET/ETC.	EINKAUFSABTEILUNG/ETC.
Eine Darbietung!	**Ein Job**
Ein Akt grenzenloser Leidenschaft	**Zeit verbringen**
Denkwürdig!	**Kann man vergessen**
WOW!	**Na ja**
Etwas mit persönlicher Handschrift	**Bürokratische Schlacke**
Der Inbegriff von Charakter	**Gesichtslos**
Ein Sprung ins Unbekannte	**Vorhersehbar**
Auf der Stelle beurteilbar	**In weiten Teilen unsichtbar**
Das Produkt enormer Investitionen	**Wieder ein Tag Arbeit**

PLACIDO-AN-DER-MET/ETC.	EINKAUFSABTEILUNG/ETC.
Meisterhafte Beherrschung des Handwerks	»Akzeptable Arbeit«
Atemberaubend	Betäubend
Es herrscht das Talent	Es herrscht die Hierarchie
Kraftvolle Darsteller	Genervte »Beschäftigte«
Verändert die Welt der Anwender	»Kunden«-als-Zugabe
Heiß	Lauwarm
Farbenpracht	Pastell
Design-intensiv	Design-frei
Geistreich!	Langweilig
Hat etwas zu sagen!	Öde
Reichweite	Nabelschau
Abenteuer	Risikoscheu
Offen	Verborgen
Wachstumserlebnis	Wieder einen Tag älter
Maßlos neugierig!	Brav
Mit Anfangs- und Endpunkten	Unstrukturiert
Eine Handlung mit Höhepunkten!	Ohne Melodie

KURZE GEBRAUCHSANLEITUNG

Himmel! Auf den folgenden Seiten finden Sie circa 200 Vorschläge. (To-Do-Listen/T.D.L.s) Viele – die meisten? – gehören in die Kategorie »höchste Priorität«. Die Mehrzahl erfordert Zeit – viel Zeit – und konzertierte Anstrengung. Und zusammen ergeben sie genug Arbeit für eine ganze Kompanie.

Was ist also … realistisch? Wir verwenden dieses »Material« nun seit über einem Jahr für die Arbeit mit Seminarteilnehmern. Es hat anderen geholfen, und deshalb empfehle ich, dass Sie es in der gleichen Weise wie diese benutzen.

Das Buch enthält 50 Kapitel (plus einige Ergänzungen), die sich auf vier Abschnitte verteilen. (Abschnitt IV ist kurz.) Also …

1. Gehen Sie die Abschnitte nacheinander durch. Wählen Sie aus den Abschnitten eins, zwei und drei jeweils vier Kapitel aus. (Und eines aus Abschnitt vier.) Kriterium: Punkte, die Ihnen wichtig erscheinen; Dinge, die Sie zur Zeit vernachlässigen; überraschende Aspekte, die möglicherweise einen Blick wert sind.

2. Jetzt betrachten Sie die jedem Ihrer Wahlkapitel zugeordneten Handlungsvorschläge. Wählen Sie jeweils einen aus, der Ihnen interessant erscheint. (Nach der obigen Rechnung ergibt das 13 Handlungsvorschläge.)

3. Nehmen Sie diese Liste mit den 13 Einträgen und ordnen Sie ihnen Prioritäten zu: 1 = Unbedingt ausführen. 2 = Großartige Idee. 3 = Gute Idee, aber nicht so nützlich/cool wie die anderen.

4. Beschränken Sie sich auf die drei oder vier Vorschläge mit der höchsten Priorität und machen Sie sich an die Arbeit.

Dieses Vorgehen ist in keiner Weise verbindlich. Die meisten Leser werden das eine oder andere, das ihnen interessant erscheint, anstreichen … und sich dann nach eigenem Gutdünken an die Arbeit machen. Das ist absolut okay. Und funktioniert sehr gut. Unsere kleine Übung ist nur als Blockadebrecher gedacht, für den Fall, dass Sie nicht weiterkommen.

Auch wenn ein Team dieses Material durcharbeitet, kann unsere »Übung« helfen. Aber sie ist auch dann nicht bindend; sie dient lediglich als Vorlage für eine einigermaßen strukturierte Diskussion.

(**Vorsicht:** Es ist sehr einfach, die bequemen Vorschläge auszuwählen. B-i-t-t-e ... achten Sie darauf, dass die Hälfte der von Ihnen gewählten Schwerpunkte in die Kategorie »überraschend« fällt. Das heißt, dass sie Sie – und Ihre Kollegen – mit ungewohnten Bereichen und Situationen konfrontieren.)

* * *

Viel Glück!

Und Spaß!

I. Kreieren!

Zu Hause heißt es: »Mach die Toilette sauber. Jetzt.«

Und der Boss sagt: »Wir wollen die Bearbeitung der Reklamationen etwas weniger bürokratisch gestalten.«

Beides sind »Projekte«. Beide sind klar und deutlich formuliert.

Falsch. Genau falsch.

Die Sache mit der Toilette? Sollen wir sie sauber machen? Sicher. Aber das bringt uns auch darauf, dass sich das Badezimmer eigentlich auf der falschen Seite befindet! (Was für Idioten müssen das gewesen sein, die dieses Haus gebaut haben.) Vielleicht sollten wir Ernst machen mit dem immer wieder verschobenen Renovierungsvorhaben. Was mich daran erinnert, dass meine Mutter immer älter und älter wird. Wir sollten wirklich daran denken, für sie eine Einliegerwohnung über der Garage zu bauen. Etc.

Und der Umgang mit Reklamationen? Handelt es sich wirklich nur darum, »die Ansprache aufzupolieren«? Das

36

ist keine schlechte Idee. Aber ist es nicht vielmehr so, dass die derzeitige Reklamationsbearbeitung noch viel tiefer gehende Probleme offenbart: (1) ein generelles Übermaß an Bürokratie und umständlichen Geschäftsprozessen; (2) eine unterschwellige Tendenz, Kunden als Störfaktor zu betrachten; und (3) ein Misstrauen gegenüber dem Verkaufspersonal, das die bestehenden Regelungen anwenden muss? Könnte dieses »kleine Projekt« – wenn wir es richtig angehen – nicht der erste Schritt in Richtung eines Programms *Kultur 2002* sein, das unsere seit langem bestehenden (und mit zunehmendem Wettbewerb deutlicher werdenden) strategischen Schwachstellen aufs Korn nimmt?

Jetzt sehen Sie – hoffentlich – warum ich behaupte, die Formulierung und Gestaltung eines Projekts unterscheidet sich deutlich von der »Ausführung eines Auftrags«.

* * *

Er nutzte jede Gelegenheit, um einen Projektauftrag neu zu formulieren, damit das Problem so gelöst werden konnte, wie es seiner Vision entsprach.
Steven Heller, Paul Rand (eine Biografie des bahnbrechenden amerikanischen Designers)

Der Vernünftige passt sich der Welt an; der Unvernünftige versucht, die Welt sich anzupassen. Deshalb hängt der Fortschritt von den Unvernünftigen ab.
George Bernard Shaw, Mensch und Übermensch

Projektmanagement

Top 50

>>>>>>>>>>>>>>

1.

Die Welt des WOW!-Projekts beruht auf diesem einen Wort: **GESTALTEN**. Das heißt, ... jeder »Auftrag«/jede »Aufgabe« ist lediglich ein Ausgangspunkt. Ihre tatsächliche »Aufgabe«: Machen Sie aus diesem – dem Anschein nach oft unspektakulären – Auftrag/Job etwas Cooles/ Denkwürdiges, etwas mit WOW! Sprechen Sie mir nach: Ich will dem Status quo trotzen ... komme, was da wolle (inklusive eines Chefs, der es einfach nicht schnallt)!

In der Zeit. Im Budget. Wen interessiert das?
Seminarteilnehmer, Houston/Texas, Herbst 1998,
über Projekte, die niemanden hinter dem Ofen
hervorlocken.

Der Kern

WAS HABEN WIR VOR? SACHEN ZU MACHEN, AN DIE WIR ... NOCH NACH JAHREN ... ZURÜCKDENKEN WERDEN.

Erinnern Sie sich: Meine Frau Susan führte jenes »unmögliche« öffentliche Projekt zum Erfolg; es wird ihr noch in 25 Jahren – lebhaft – im Gedächtnis sein. Mein »großes« Projekt bei McKinsey & Co. – wie auch die erste Brücke, die ich für die Navy in Vietnam entwarf/baute – sind mir nach drei Jahrzehnten noch sehr präsent.

Um diesen denkwürdigen »Punkt« zu erreichen, ... dürfen Sie einen Auftrag nie und nimmer als gegeben hinnehmen! Gary Withers, Chef der fabelhaften britischen Marketingagentur Imagination Ltd., war bereit, zwei Unternehmen über das Stimmungstief nach ihrer Fusion hinwegzuhelfen. Am Ende organisierte er eine »Coming-To-gether-Party« ... für 40 000 Leute! Das heißt, er akzeptierte einen (öden?) Routineauftrag ... und ließ sich von ihm nicht unterkriegen. Er erfand ihn neu. Radikal.

Das Wort – oder D-A-S Wort – lautet **GESTALTEN**. Eine Aufgabe – irgendeine Aufgabe – in etwas verwandeln, das wirklich Sinn macht.

Wie bei den meisten (wichtigen) Dingen im Leben geht es vor allem um Einstellung und Geschick; das heißt, einen angeborenen Widerwillen, sich in die langweilige Ecke drängen zu lassen. Den Widerwillen, mit immer derselben Palette zu malen. Den Widerwillen, die eigene Fantasie auf die Größe der Leinwand zu beschränken.

Sie sind »zuständig« für das Firmenpicknick am Memorial Day: (1) Sie bedauernswerte Person? (2) Einerlei? Oder: Machen Sie es zur unglaublichsten, eindrucksvollsten, denkwürdigsten, hochkarätigsten Festveranstaltung im Sinn von »Wer wir sind«, »Wofür wir stehen« und »Wie uns unsere Leute am Herzen liegen«, die es jemals gab. He: **WARUM UM ALLES IN DER WELT DENN NICHT!?**

MITTELMÄSSIGE ERFOLGE: NEIN DANKE

Phil Daniels besuchte ein Seminar, das ich in Sydney gab. Ich sprach von den »notwendigen Misserfolgen«: das heißt, ohne Fehlschläge keine Innovation. Er übertraf mich noch und erklärte seine Managementphilosophie:

»Belohnen Sie exzellente Misserfolge.«

»Bestrafen Sie mittelmäßige Erfolge.«

Nicht schlecht! Das ging mir wieder und wieder durch den Kopf. (Hundertmal oder gar tausendmal. **Kein Witz**.)

Die Frage:
Was ist mit dem Projekt, an dem Sie ... gerade jetzt ... arbeiten? Zielt es auf WOW!? Oder wird daraus eher ... ein »mittelmäßiger Erfolg«?

Mittelmäßige Erfolge: Nichts, dessen man sich schämen müsste. Kein Zeichen verminderter Intelligenz. Oder (notwendigerweise) begrenzten Einsatzes. Nur eben ... auch nicht gerade das, woran man in fünf Jahren noch stolz zurückdenkt.

Nach einer Rede, die ich kürzlich vor Managern eines riesigen Unternehmens aus der Finanzdienstleistungsbranche hielt, nahm mich der CEO beiseite und sagte: »Sie haben wirklich den Punkt getroffen. Wir sind natürlich ein Unternehmen für Informationssysteme! Und ich wette, dass 90 Prozent unserer Projekte ein Eigenleben führen, irgendwie auch zum Abschluss kommen, keinen Schaden anrichten, aber sicherlich nicht mehr sind als ›mittelmäßige Erfolge‹!«

Regel: Sagen Sie es – laut. Leben Sie es:

Mittelmäßige Erfolge: Nein Danke.

* * *

Vor einer [Bob-Dylan-]Show in Portland sprach ich mit einem aufgeweckten Mann in den Zwanzigern, der in einer modernen Funkband spielt. »Als ich [Dylan] 1990 das letzte Mal sah, war es grausam«, erzählte er mir. »Ich hoffe, er verpatzt nicht wieder alles. Ich höre, er ist besser. Selbst wenn er sich fürchterlich anstellt, ist er irgendwie großartig – er ist niemals nur mittelmäßig.«

Alex Ross, The New Yorker

T.D.L. (To-Do-Liste)/Gestalten!

1. Erstellen Sie eine einseitige Beschreibung Ihres gegenwärtigen Projekts, ... nach den aktuellen Vorgaben. Senden Sie sie ... heute ... per Fax/E-Mail an drei oder vier »coole Leute«, die in Ihrem Adressbuch stehen und bitten Sie sie, Ihnen bei der Umformulierung/Umgestaltung behilflich zu sein.

2. Vereinbaren Sie eine Besprechung – innerhalb der nächsten 48 Stunden – mit der coolsten Person aus der Kundengruppe des Projekts. Fragen Sie sie, was sie täte, wenn Sie ihr das Projekt heute übergeben würden.

3. Versammeln Sie ... heute ... drei oder vier (nicht mehr) Freunde/Teamkollegen für mindestens eine Stunde ... und veranstalten Sie ein Brainstorming zu einer neuen Version des Projekts. (Ausgangshypothese: Wir werfen die alte Definition über Bord ... und beginnen mit einem leeren Blatt Papier.) Vereinbaren Sie vier weitere Brainstormings – mindestens zwei davon extern – während der nächsten zehn Arbeitstage.

4. Schicken Sie das jüngste – oder älteste oder abgedrehteste – Teammitglied auf dreitägigen »Neuerfindungsurlaub«. Fordern Sie diesen Kollegen auf, sich mit möglichst vielen Leuten zu beraten ... und in der nächsten Woche ein neues Erscheinungsbild für das ganze Team zu präsentieren.

5. Erstellen Sie eine lange Tabelle mit möglichen Ergebnissen des Projekts. Fügen Sie eine Spalte mit der Überschrift »Vorgegeben« ein. Schreiben Sie über eine zweite Spalte »Möglich«. Lassen Sie bei den »möglichen« Einträgen Ihre ungezähmte Fantasie spielen! (Arbeiten Sie mit dem ganzen Team daran.)

6. Welche »kulturellen«/»betrieblichen« Annahmen – über Kunden, Mitarbeiter, Technologie etc. – liegen den an das Projekt gestellten Erwartungen zugrunde? KÖNNEN WIR DARAN ETWAS ÄNDERN? (Sprechen Sie darüber mit den schrägsten Typen, die Sie kennen – in oder außerhalb der Organisation.)

2.

(Oder »D.S.C.S.« – Doing Seriously Cool Shit ... wie es einer meiner Freunde nennt.) Alles beginnt damit, dass Sie Ihre Antennen ständig auf Empfang stellen: Was zum Beispiel nervt, interessiert oder begeistert Sie? Fangen Sie an, Beobachtungen zu notieren – auf Papier oder im Computer. Halten Sie alles fest, worüber Sie stolpern: (1) trostlose Erfahrungen (egal, wie »unbedeutend«/»alltäglich« – zum Beispiel ein benutzerunfreundliches Formular, ein stumpfsinniges Verfahren/eine unverständliche Anleitung); oder (2) großartige Erlebnisse im »wirklichen Leben« (in einem Restaurant, auf einem Spielfeld, in der Zahnarztpraxis), aus denen Ihr Unternehmen lernen kann.

WICHTIGER GEDANKE: ENTWICKELN SIE EINE »OBSESSION FÜR BEOBACHTUNGEN« ... IN BEZUG AUF GUTE, SEHR GUTE, *ÜBERWÄLTIGENDE*, HÄSSLICHE UND *ABSCHRECKENDE DINGE, DIE SIE UMGEBEN.*

SCHRITT NR.1 ZUM STARKEN WOW!-PROJEKT: AUFMERKSAME BEOBACHTUNG!

Der Kern

Winston Churchill sagte, der wichtigste Aspekt des Lernens sei der Appetit auf Neues. Führungs-Guru Warren Bennis erklärte, er wolle der Nachwelt als eine »unendlich neugierige Person« in Erinnerung bleiben. David Ogilvy behauptet, dass sich die größten Werbetexter durch eine unersättliche Neugier auf sämtliche Themen »unter der Sonne« auszeichnen.

Das gilt auch für große Projektgestalter!

Die gute Nachricht: **Neugier ist mehr oder weniger trainierbar/erlernbar.** Meine beste Freundin – meine Frau nämlich – gehört zu den nicht wenigen »Notizbuch-fanatikern«, die ich kenne. Wenn sie auf einer Produkt-Entdeckungstour für ihr Innenausstattungsgeschäft ist, füllt sie 40 Notizbuchseiten (sie übernahm diese Ange-wohnheit von ihrem so verehrten Großvater). Sie macht Notizen ... und Skizzen ... und klebt Artikel und Anzeigen aus Zeitungen und Zeitschriften ein. Ebenso trägt mein Freund und Business-Guru Karl Weick einen Packen Kartei-kärtchen in der Innentasche seiner Sportjacke mit sich herum: Ich habe ihn – sage und schreibe – nie länger als 20 Minuten erlebt, ohne die eine oder andere Beobach-tung zu notieren. Ein anderer Freund schreibt auf Streich-holzhüllen und Papierservietten – und stopft die kleinen Gegenstände in seine linke (immer die linke!) Tasche. Alle paar Tage leert er, wie er erzählt, die Tasche aus ... und tippt die Notizen, etwas überarbeitet, in seinen Compu-ter.

Das alles läuft im Prinzip auf lebenslängliches Lernen, endlose Neugier und eine angewandte, obsessive Ruhelo-sigkeit hinaus. **Ihr liegt die Überzeugung zugrunde, dass das Leben ... EINE EINZIGE LERNERFAHRUNG ist.** Mit dem neugierigen, voll engagierten Geist passiert et-was Mysteriöses – und zwar in der Regel unbewusst: Selt-same kleine Funken werden ausgesandt, Verbindungen hergestellt und Vorstellungen erzeugt. Das Ergebnis: eine exponentiell gesteigerte Fähigkeit, das aktuelle Arbeits-projekt aufzufrischen/neu zu erfinden/mit WOW! zu ver-sehen.

KAPRIOLEN DER NEUGIER

Roger Milliken, Chairman von Milliken & Co.: Seit 50 Jahren in seinem Job, sitzt er in Besprechungen und hört wie ein U-Boot-Kommandant zu. Die Sitzung endet.

Fünf Minuten später beobachte ich Roger, wie er mit dem Diktiergerät in der Hand das Parkdeck abschreitend seine Beobachtungen festhält – und sie fast augenblicklich in »Handlungen« übersetzt.

* * *

Tom Peters: Ich mache mir eine Menge Notizen. Vielleicht 20 Seiten, während ich einer zweistündigen Präsentation zuhöre. Innerhalb der nächsten halben Stunde ziehe ich mich regelmäßig für ein paar Minuten (nicht mehr!) zurück und destilliere daraus zusammenfassende Punkte, die auf einen einzigen Notizzettel passen.

* * *

Jennifer Hansen, Hansen Design: »Um mich anfangs auf ein Projekt zu konzentrieren, lege ich speziell für diesen Job ein kleines Tagebuch an. ... Ich halte in diesem Tagebuch meine Ideen zu diesem Projekt fest, entweder in ein paar Worten, oder in Form einer einfachen Skizze. Ich klebe oder lege auch viele Textausschnitte und Fotokopien mit hinein. ... Ich nutze diese Tagebücher auch für Notizen über Telefongespräche und Besprechungen mit Kunden. Diese Aufzeichnungen behalte ich bis zum Abschluss des Projekts – sie eignen sich hervorragend als Referenz.«

DIE KRAFT DES TAGEBUCHS

Aus *Aha!* von Jordan Ayan:

»Kreative Denker – von den Erfindern Thomas Edison, Benjamin Franklin und Leonardo da Vinci über die Schriftstellerin Virginia Woolf, den Psychologen Carl Jung bis zum Naturforscher Charles Darwin – haben allesamt Tagebücher und Notizhefte geführt, um ihre Ideen und Inspirationen festzuhalten. Diese Leute wussten, dass sich neue Ideen häufig aus verschiedenen Informations- und Konzeptfragmenten ergeben, die über einen ausgedehnten Zeitraum kombiniert werden. Die einzige effektive Methode, die eigenen Ideen zu verfolgen und sie zusammenzusetzen, besteht darin, sie zu dokumentieren, sobald sie einem in den Kopf kommen. ...

Die einfachste und effektivste Möglichkeit dazu besteht im Anlegen eines persönlichen ›Ideentagebuchs‹. Wenn man dieses Tagebuch stets griffbereit hat – auf dem Arbeitstisch, in der Akten- oder Handtasche, auf dem Küchentresen, auf dem Nachttisch neben dem Bett –, kann man Ideen festhalten, die einem im Lauf des Tages oder sogar nachts in den Kopf kommen. ...

Jeder muss herausfinden, welches Verfahren dabei für ihn am geeignetsten ist. Eine der besten Methoden, von der ich gehört habe, wurde von einem Manager der Firma Boeing entwickelt. Um die Ideen aufzuzeichnen, die ihm unterwegs einfielen, trug er adressierte und frankierte Postkarten bei sich, auf die er seine Gedanken schrieb, sobald sie ihm in den Kopf kamen. Dann sandte er die Karten nach Hause. Ich kenne auch Leute, die ihre Mailbox anrufen und sich selbst Nachrichten hinterlassen. Und winzige Bandgeräte, auf die sich ein paar Sätze aufsprechen lassen, sind heute für wenig Geld zu haben. Es gibt schlaue (und kreative) Möglichkeiten ohne Ende, die eigenen Ideen aufzuzeichnen und zu dokumentieren.«

TOMS KOMMENTAR: Ein grundlegender ... und wichtiger ... Punkt! Legen Sie dieses Buch beiseite. Jetzt sofort. (Aber bitte nehmen Sie es später wieder auf!) Gehen Sie los und kaufen Sie sich ein Notizbuch, oder nehmen Sie irgendein Stück Papier und notieren Sie Ihre erste Beobachtung. Das könnte einer der wichtigsten Schritte Ihrer ganzen Karriere sein. (PS: Ich übertreibe nicht!)

T.D.L./**Aufmerksame Beobachtung**

1. Kaufen Sie sich ein einfaches Spiralheft. HEUTE. Versehen Sie das vordere Deckblatt mit »Cool«, das hintere mit »Fürchterlich«.
MACHEN SIE SICH ERSTE NOTIZEN. HEUTE.

2. Machen Sie einen Rundgang durch das nächstgelegene Einkaufszentrum. ... **HEUTE.** ... Eine Stunde lang. Notieren Sie die zehn »coolsten« und die zehn »schlimmsten« Beobachtungen: großartiger (und schlechter) Service, Ausschilderung, Waren, Essen, Sanitäreinrichtungen, Dekoration, Musik, was auch immer.

3. Geben Sie diese Beobachtungen in Ihren Computer ein. **Übertragen Sie vier davon auf Ihr gegenwärtiges Projekt.**

4. Arbeiten Sie mit ein oder zwei Freunden daran. Gründen Sie ein TEAM VON BEOBACHTUNGSFANS. Tauschen Sie Ihre »Daten« aus ... und übersetzen Sie Ihre Einsichten/Beobachtungen in Ihr(e) Projekt(e).

2a.

BETREIBEN SIE BENCHMARKING: BETRACHTEN SIE ALLES, WAS IHNEN WIDERFÄHRT, ALS WERTVOLLE LERNCHANCE.

Wenn Ihnen am Samstag im Computerladen etwas Großartiges widerfährt, dann rufen Sie am Montag die Ladenbesitzerin an und bitten Sie sie zu einem Gedankenaustausch bei einem gemeinsamen Mittagessen. Sammeln Sie positive Erfahrungen! Sammeln Sie coole Leute! Machen Sie aus ihnen Mitglieder Ihrer persönlichen Universitätsfakultät!

Der Kern

Meine besten Freunde (vielleicht sind sie deshalb meine besten Freunde?) sind allesamt »Sammler von coolen Leuten«. Oder, in meiner bevorzugten Ausdrucksweise – von Freaks!

Zu ihnen gehört Allen Puckett, der meine frühe Entwicklung bei McKinsey & Co. beaufsichtigte. Wenn er beispielsweise einen anregenden Artikel in irgendeinem obskuren Wirtschafts- oder Wissenschaftsjournal las, rief er den Autor einfach an ... und lud ihn zum Essen ein. Häufig akzeptierten die Autoren! »Noch ein ›Fakultätsmitglied‹ für meine persönliche Universität«, sagte Allen dann. Und wenn er das nächste Mal vor einem verzwickten/spannenden Projekt stand, rief er seine neuesten »Fakultätsmitglieder« an und bat sie um ihren Rat.

DAS LEBEN IST IN WIRKLICHKEIT VOLL VON COOLEN ERLEBNISSEN UND COOLEN LEUTEN, DIE SIE ERMÖGLICHEN. Um von diesem Netzwerk zu profitieren, bedarf es »nur« ein wenig Mutes. Ich habe gelernt – Überraschung! –, dass die Menschen es schätzen, wenn man sie ernst nimmt. Wenn Ihnen der Restaurantbesuch an diesem Samstagabend richtig gut gefällt, ... und Sie die Restaurantbesitzerin bitten, Ihrem Team aus der Finanzabteilung etwas über Service zu erzählen, ... wette ich drei zu eins, dass sie ... mit Freuden ... Ihre Einladung annimmt. Jedenfalls werden Sie es nicht wissen, bevor Sie es nicht versucht haben. Richtig?

WEITERE MÖGLICHKEITEN, »COOLE« ERFAHRUNGEN ZU SAMMELN

Fred Smith, Gründer von Federal Express, zu Tom Peters: »Wer ist der interessanteste Mensch, den Sie in den letzten 90 Tagen kennen gelernt haben? Was halten Sie von der Idee, dass ich ihn oder sie anrufe? Wie wär's in diesem Fall mit einer Telefonnummer?«

Guter »Trick«, Fred!

(Noch einmal) Jordan Ayan, *Aha!*:

»Rufen Sie einen Ihrer kreativen Bekannten an. Finden Sie heraus, was er oder sie in diesem Augenblick denkt. Lassen Sie sich davon inspirieren. Vereinbaren Sie, wenn möglich, einen Besuch …

Überlegen Sie, mit welchem Menschen Sie sich am liebsten unterhalten würden, den zu kontaktieren Sie sich aber bislang gescheut haben. Wie könnten Sie den Betreffenden erreichen? Welche Befürchtungen oder Bedenken haben Sie, ihn oder sie anzurufen?«

Darin steckt eine großartige Wahrheit! Der Planet ist voll von fabelhaften Köpfen, die darauf warten, benutzt zu werden. Beginnen Sie – heute – mit dem Aufbau Ihrer persönlichen Wissensfakultät.

T.D.L./Zielgerichtet coole Erfahrungen sammeln!

1. *Schreiben Sie* in den nächsten drei Wochen wenigstens *drei positive Erfahrungen auf*.

B-I-T-T-E.

2. Rufen Sie *eine* der Personen an, die für diese positiven Erlebnisse verantwortlich sind. Fragen Sie sie (ihn), ob sie (er) eine Einladung zum Essen annimmt … und veranstalten Sie einen gemeinsamen Gedankenaustausch.

3. Erwägen Sie … die Gründung eines regelmäßigen Diskussionskreises zum Thema »coole Geschäftsideen«, der alle Ihre klugen Bekannten einmal im Monat zusammenbringt, damit Sie großartige (und abschreckende) Erfahrungen austauschen können.

4. Animieren Sie *drei* Ihrer besten Freunde, beim **S**ammeln **c**ooler **L**eute mitzumachen.

5. Setzen Sie sich mit jemandem in Verbindung, der auf Ihrer Liste »cooler Leute« steht ... HEUTE ... und holen Sie seinen/ihren Rat zu Ihrem gegenwärtigen Projekt ein. Und/oder laden Sie die (den) Betreffende(n) ein, sich demnächst für ein einstündiges Meeting mit Ihrem Team zusammenzusetzen.

3.

Nutzen Sie jede Erfahrung – das Ausfüllen eines Anmeldeformulars für das Sommerlager Ihres Sprösslings – als eine **Ü**bung für **b**ewusste **W**ahrnehmung: Ist das *Formular* »WOW!«? (Kein Scherz ... *verdammt!*)

Der Kern

He ... dies ist der zentrale Punkt. Das ist überhaupt der ganze Sinn der Übung«:

KÖNNEN SIE »LERNEN«, DAS WORT **WOW!** (GEWOHNHEITSMÄSSIG) ZU VERWENDEN ... UND ZU LEBEN?

Die Idee: Denkwürdige und beeindruckende WOW!-Projekte. Ich behaupte, dass Sie keine Chance haben – Punkt! –, solange Sie sich nicht mit »dem Wort« ... und dem Konzept ... und der *Notwendigkeit* von ... WOW! (oder: denkwürdig, ... cool, ... mitreißend, ... imposant, ... **irre großartig** – letzteres von Steve Jobs, Apple) anfreunden.

Aber es geht um mehr: Können Sie Ihre Antennen auf die WOW!-Frequenz einstellen ... täglich? Können Sie Ihre persönlichen WOW!-Sensoren entwickeln? In Bezug auf die alltäglichsten Angelegenheiten? Sie füllen ein Formular aus oder kaufen etwas im Internet: Ist dieser Vorgang ernüchternd ... oder okay ... oder **WOW**!? (Inwiefern?) Versuchen Sie sich vorzustellen, wie Sie aus ... beliebigen ... Tätigkeiten WOW!-Ereignisse machen könnten.

Ich besuchte kürzlich eine riesige Handelsmesse in North Carolina. Die Ausstellung selbst war vorbildlich. Aber die Park- und Verkehrssituation war unerträglich. (Was dem Gesamtereignis einen deutlich negativen Anstrich gab.) Ich wachte eines Morgens auf ... um drei Uhr früh (ja, so besessen bin ich bisweilen) ... und grübelte darüber nach, wie man dieser ansonsten hervorragenden Veranstaltung im Hinblick auf die Verkehrsanbindung zu WOW!-Qualität verhelfen könnte.

KURZ, ICH BETREIBE BEWUSST **WOW**!-TRAINING.

Ich frage mich ständig, wie die eine oder andere Erfahrung in ein denkwürdiges WOW!-Erlebnis verwandelt werden könnte. Ich bin ehrlich überzeugt, dass die Verwendung des Wortes – »WOW!« – dabei entscheidend ist.

DAS »W-WORT« SELBST

Kürzlich sprach ich vor leitenden Managern einer Vermögensverwaltungsgesellschaft. Mein Thema: WOW!-Projekte. Ein Teilnehmer berichtete, dass jemand in einer Diskussion im Anschluss an die Vorstellung eines Konzeptvorschlags mit der Frage herausgeplatzt sei: »Aber ist es ›WOW!‹ genug?«

Ja!

Und ... ein anderer Seminarteilnehmer aus dem Medienbereich berichtete (Mai 1999): »Als wir im Begriff standen, mit einer der wichtigeren Banken North Carolinas ein größeres Geschäft abzuschließen, fragte mich der Kunde, welche Art von Mehrwert er dafür bekomme, dass er einen solchen Auftrag vergebe. Anstatt ihm zu erzählen, was ich alles für ihn tun könne, antwortete ich: ›Was würde Sie veranlassen, WOW! zu sagen?‹ Wir bekamen nicht nur den Auftrag, sondern der Kunde bekam auch das, was er wirklich wollte. Ich habe diese Methode danach viele Male angewendet und jedes Mal die gleiche Begeisterung bei den Kunden hervorgerufen.«

Wieder: **JA!**

WOW! UND NICHT-WOW!

Eine 1998 in der Zeitschrift *Fortune* erschienene globale Übersicht über Unternehmen mit dem besten Image unterscheidet zwischen Branchenführern ... und solchen Firmen, die das nicht sind. In dem Beitrag heißt es, dass letztere »ihre Schwerpunkte auf die Risikominimierung, die Respektierung von Befehlsketten, die Betonung von Chefpositionen und Gewinnmaximierung« setzten.

Vor kurzem fiel mir ein Buch mit dem Titel *The Project Office* in die Hände. Danach besteht das Nirwana eines Projekts darin, »im Zeitrahmen zu bleiben, ... das Budget einzuhalten und eine Übereinstimmung mit den gegebenen Spezifika des Unternehmens zu erreichen.« Das steht in ... krassem ... Widerspruch zu einem anderen Buch, das ich zufällig zur gleichen Zeit las, mit dem eher nüchtern anmutenden Titel *Creating Modern Capitalism*. Der Autor, Thomas McCraw, ein Volkswirtschaftler aus Harvard, gibt folgende Zusammenfassung: »Der Kapitalismus lässt sich am besten verstehen als eine Ausdrucksform der menschlichen Kreativität, ... angetrieben von Träumen und Ambitionen.«

DIE MERKMALE VON PERSONEN, DIE IN SCHUL-GESCHICHTSBÜCHERN ERWÄHNT WERDEN

Geschichtsbücher sind weder frei von Fehlern, noch über jede Kontroverse erhaben. Trotzdem repräsentieren sie eine Art »Gesellschaftskonsens« darüber, was/wer wichtig ist. Wer also ... schafft es in diese »Hall of Fame«? In das Geschichtslehrbuch deiner Tochter? Roosevelt,

King, Kennedy(s), Galileo, Einstein etc. Und welche Züge sind ihnen – mehr oder weniger – gemeinsam? Wie wär's mit diesen:

* Engagiert

* Entschlossen, etwas zu bewirken

* Auf eine Sache konzentriert

* Passioniert!

* Risikofreudig

* Unbeirrbar an ihr Lebensprojekt glaubend

* Ihrer Zeit voraus/*Vordenker neuer Paradigmen*!

* Ungeduldig (und dennoch entschlossen, Kurs zu halten)

* Aktionsorientiert! (Motto: Anlegen, *Feuern!*, Zielen)

* Unbequem (treten *v-i-e-l-e-n* Leuten auf die Füße!)

* Kreative Denker/Querköpfe/Sonderlinge

* Rebellisch (Wissenschaftler und Künstler sowie gesellschaftlich-politische Akteure)

* *Sind dem Establishment ein Dorn im Auge* (setzen sich über Befehlsstrukturen hinweg)

* Ohne Ehrerbietung/respektlos

* Improvisationskünstler, die im Chaos wachsen und davon p-r-o-f-i-t-i-e-r-e-n

* Bitten eher um Vergebung als um Erlaubnis

* Grundehrlich!

* Nicht fehlerlos (große Stärken, große Schwächen)

* Ausgerichtet auf die Bedürfnisse und Wünsche ihrer Anhänger

* Aberwitzig gut in dem, was sie tun!

Zählen Sie das alles zusammen und Sie haben meine Definition von ... WOW!. Und von WOW!-Menschen. Und leider auch ein Abbild dessen, was in den meisten Organisationen/Abteilungen fehlt. Habe ich Recht?

Also: Denken Sie darüber nach. Wenn das der Maßstab ist für die Aufnahme in die ultimative Hall of Fame, das Geschichtsbuch, warum sollte es dann nicht auch Maßstab für unsere Finanzabteilung sein?

VERWANDLUNG IST NICHT UNSER JOB!

Wir sind nicht im Verwandlungsgeschäft! Klingt ein bisschen merkwürdig, oder? Ist aber wahr.

Eine Kollegin gab mir Kontra und verglich mich mit ihrem Mann: »Den Leuten zu erzählen: ›Tut Dinge, die WOW! sind‹«, sagte sie, »ist, als wenn man zu einem depressiven Menschen sagt: ›Vergiss deinen Kummer und sei lustig.‹« Ich verstehe, was sie meint. Aber sie hat mich nicht verstanden.

Ich will niemanden in »WOW!-Laune« versetzen. Mein Anliegen ist eher Folgendes: Obwohl wir nicht alle Emma Thompsons sind, bin ich dennoch fest davon überzeugt, dass im Prinzip jeder von uns eine beachtliche Menge WOW! in sich trägt. Es gehört untrennbar zum Menschsein dazu. Das heißt ... Geist, Witz, Leidenschaft, Kreativität ... sind Bestandteile unserer Natur. Kinder denken, sie könnten alles. Ihre Vorstellungskraft ist ungezügelt. Leider lehrt uns der Prozess des Erwachsenwerdens, des

Schulbesuchs und des Lernens(?) häufig das, was wir nicht können (MBA-Programme sind in dieser zweifelhaften Disziplin besonders effektiv!) und dämpft unsere angeborene Tatkraft. Was mir vorschwebt, ist nicht mehr (*und* nicht weniger), als Ihnen – und Ihresgleichen – die Vollmacht zu geben, auf Ihre angeborenen WOW!-Eigenschaften zurückzugreifen, WOW! zu *denken*, WOW! zu *versuchen* ... und, wenn sich die Gelegenheit bietet, WOW! zu *verwirklichen*.

Kurz:

* Sie werden es nicht herausfinden, solange Sie es nicht versuchen!

* Sie werden niemals WOW! erreichen, wenn Sie es nicht wollen.

Es tut weh ...

Es tut weh, wenn ich mir während eines Abendessens mit dem Europa-Chef einer großen professionellen Servicefirma wieder und wieder anhören muss, ... warum WOW! für ihn und sein Unternehmen nicht realistisch sei. Die Rechtfertigungen purzeln nur so aus ihm heraus. Die Unternehmenszentrale will *dies*, der Kunde *jenes*. (PS: Handelt es sich um eine Werbeagentur?!)

Ich bin traurig. **So traurig.** *Und* ich verliere die Geduld: Wenn Sie es jetzt nicht versuchen, ... wann dann? »Nächstes Mal«?

Ich habe mit Riesenunternehmen gearbeitet. Ich unterschätze keineswegs das Risiko, gegen die vorhandenen Machtstrukturen zu agieren. Aber ... dennoch: Es geht um *Ihr* Leben! Und Sie werden sich (in 15 Jahren) nur noch an das erinnern, was WOW! war – oder zumindest ein WOW!-Versuch. Wie trostlos, mit 60 auf nichts als ein Leben

»guter Arbeit« zurückzublicken. »Professionell« ... ja. Unvergesslich ... niemals.

Himmel!

Ich jedenfalls wünsche mir auf meinem Grabstein keine Inschrift wie die folgende:

THOMAS J. PETERS

1942-?

»ICH HÄTTE ECHT COOLE SACHEN GEMACHT, WENN MEIN BOSS MICH GELASSEN HÄTTE«

T.D.L./»W« wie WOW!

1. Denken Sie an Ihr jüngstes Erlebnis als Kunde zurück ... Reinigung, Restaurant, Schuhgeschäft oder *Radio Shack*. War es ... WOW!? Wie *hätte* es WOW! werden können? Was passiert, wenn Sie über solche Erlebnisse in Kategorien wie »WOW!« und »nicht WOW!« nachdenken? (Hinweis: Der Schlüssel liegt in einer *ungeschönten/präzisen* Sprache: »WOW!« ... oder »Quatsch!« ... oder »Schrott!«.)

2. Bewerten Sie beispielsweise in den nächsten 48 Stunden *jedes* Kundenerlebnis auf einer Skala von eins bis zehn (»fürchterlich« bis »WOW!«). War irgend etwas absolut »WOW!«/zehn? Wenn ja: *Weshalb?* Oder: *In welcher Form?* **(Exakt. Zehn Gründe.)** Wenn nicht, *weshalb* nicht? (Exakt. Zehn Gründe.) Und wenn ein Erlebnis Punkt acht auf der WOW!-Skala erreicht hat, was fehlte, um es in ein perfektes WOW!/zehn zu verwandeln?

3. Überreden Sie zwei oder drei Freunde, an Ihrem »WOW!«-Kreuzzug teilzunehmen: Das heißt, bewerten Sie gemeinsame Erlebnisse auf einer Skala von »fürchterlich« bis »WOW!«.

4. Bringen Sie drei Kollegen zusammen. Sprechen Sie eine Stunde – oder zwei – über die Bedeutung von WOW!. (Und warum wir das Wort im Geschäftsleben nicht verwenden.)

5. Fragen Sie bei der nächsten Besprechung mindestens einmal: »ABER IST ES WOW!?«

A M E N !

Ich habe es lieber, wenn wenige Leute von meinen Filmen absolut begeistert sind, als wenn die große Masse sie »ganz nett« findet.

Terry Gilliam, Regisseur

4.

Kommen Sie bloß nicht auf die Idee, dass »das lästige kleine Problemchen« für ein Projekt zu klein sei. Stellen Sie sich vielmehr vor, es wäre die Spitze eines *Titanic*-versenkenden Eisbergs.

GEWÖHNEN SIE SICH AN, KEINE EINZIGE KLEINIGKEIT UNBEMERKT ZU LASSEN.

Gott – UND WOW!-PROJEKTE – finden Sie in den kleinen Dingen!

Der Kern

Verbannen Sie das Wort »klein« aus Ihrem Vokabular! Es gibt keine »kleinen« Probleme. Es gibt nur »kleine« Ausläufer ... g-r-o-ß-e-r Phänomene.

Will ich etwa sagen, dass es keine Maulwurfshügel, sondern nur Berge gibt? Gewissermaßen (entschieden) ... ja!

Auf den ersten Blick erscheint die Aufgabe trivial: Klären Sie einige offene Fragen in Bezug auf den Überstundenausgleich. Nun, ... das können Sie natürlich tun: Ein paar offene Fragen »klären«. Oder ... Sie können bei interessanten Unternehmen Ihrer Branche/Stadt ausführliche Erkundigungen zur Überstundenpraxis anstellen. Und Sie können das Thema Überstunden als ein Beispiel »unserer grundsätzlichen Haltung gegenüber Mitarbeitern und Verantwortungsdelegation« verstehen. Das heißt, die

»kleine« Neuregelung der Überstundenpraxis *kann* – mit Fantasie und Ausdauer – zum Anstoß einer Lawine werden, der die Kultur des Unternehmens verändern und aus ihm einen »traumhaften Arbeitsplatz« machen wird.

Okay, das klingt etwas übertrieben. Aber warum nicht? Die Wahrheit ist, dass viele außergewöhnliche Produkte – von Disneyland über Post-It zu Baby Joggers, Quicken und Gap Kids – geschaffen wurden, um kleine persönliche Wünsche zu befriedigen. (Von Walt Disney wird berichtet, er habe sich einen Ort gewünscht, den er später mit seinen Enkelkindern aufsuchen wollte. Art Fry, 3Ms Post-It-Erfinder, war es leid, dass ihm ständig die Zettelchen aus dem Gesangbuch fielen, mit denen er die Choräle des Tages markierte etc.)

Die größere Idee: Denkweise! **Das heißt, bemühen Sie sich stets, in größeren/verrückteren/tieferen Dimensionen zu denken.** Das ist – immer – möglich. Es geht darum, von dem so genannten kleinen Wunsch/Problem/Projekt zum Gesamtzusammenhang Bild/Resultat/WOW! zu gelangen (etwa Walt und sein Königreich). Das kleine Problem/Projekt existiert nicht im luftleeren Raum; es ist Ihr Schlüssel zur aufregenden Welt des WOW! (Und: Der Schlüssel passt, auch wenn Sie jung und »ohne Verantwortung« sind.)

PROJEKT-DNS

»KULTURWANDEL« – DIESES GROSSE, SCHWER ERREICHBARE ZIEL – BEGINNT HÄUFIG MIT EINEM EINZELNEN, KLEINEN WOW!-PROJEKT.

Warum? Wie?

Ganz einfach. **Jedes »kleine« Projekt enthält den ganzen DNS-Strang der Organisation!** Der »kleine« An-

lauf zur Überarbeitung der Regelung der krankheitsbe-
dingten Fehltage kann Ihnen, wenn Sie darauf gepolt sind
– den genetischen/kulturellen Code offenbaren, der die
Grundlage bildet für Themen wie Mitarbeiter, Vertrauen,
Fürsorge, Führung – praktisch alles. Wenn Sie den einen
Strang neu ordnen, kommt leicht eine Kettenreaktion zustande, die den ganzen genetischen Aufbau der Organisation verändert.

**Botschaft: Um eine G-R-O-S-S-E Sache ins Rollen zu
bringen (etwa einen Kulturwandel), brauchen Sie
kein großes Projekt.**

Ein großes Projekt birgt sogar Gefahren: Es bringt die
häufig konfliktbehaftete »kulturelle Debatte« zu rasch
zum Kochen. Das kleine Projekt hingegen erlaubt Ihnen,
GROSSE Veränderungen sachte anzugehen, ohne Alarm
oder eine ganze Batterie von Warnsignalen auszulösen.
Indem Sie aus Strängen von WOW!-trächtigem geneti-
schem Material – Ihrem so genannten kleinen Projekt –
ein Miniaturmodell bauen, können Sie der Organisation
Schrittchen für Schrittchen *beweisen*, dass Sie eine über-
zeugendere Methode haben. (Hinweis: Das ist genau der
Grund, warum so viele erfolgreiche großformatige Veränderungsprogramme mit einem unschuldigen Projekt beginnen.)

Um noch eine Stufe höher in der Organisation anzuset-
zen, wollen wir das Beispiel einer Bereichsleiterin betrachten: Angenommen, für Sie arbeiten 23 Leute ... in
sieben Projekten. Schlüsselidee: Behandeln Sie die sieben
Projekte als ein integriertes Portfolio. Machen Sie aus jedem von ihnen ein WOW!-Projekt, das, obwohl »klein«,
dennoch eine umfangreiche Veränderung oder gar eine
Revolution verspricht. Jedes dieser sieben Projekte dient
am Ende als Prototyp für die große Veränderungsinitiati-
ve. Wie üblich (he, das ist der ganze Punkt) benutzen wir

das Projekt – insbesondere das **kleine WOW!-Projekt** – als Energiequelle für die g-r-o-ß-e Veränderungsmühle. Die kleinen WOW!-Projekte bieten (in ihrer Gesamtheit):

* Unauffällige Tests außerhalb des Rampenlichts

* Gelegenheit zur raschen Erprobung eines Prototyps

* Experimentiergrundlage für verschiedene Strategien auf der Basis eines relativ kleinen Budgets.

T.D.L./»Klein« gibt es nicht!

1. Untersuchen Sie die kleinen Aufgaben von heute. (JEDE »KLEINE« AUFGABE!) Welche *unausgesprochenen* Annahmen verbergen sich hinter einem Formular, einer Regelung, was auch immer? Erstellen Sie eine Tabelle: »Was ist das« und »was bedeutet das *implizit*«? Geben Sie keine Ruhe, bis Sie dies geklärt haben: Selbst in die »trivialsten« Aktivitäten sind stets zahlreiche kulturelle, politische und strategische Annahmen eingebettet.

2. Orientieren Sie sich stets direkt am »Anwender«. (Und an dessen Anwender etc.) Wer wendet dieses Formular/diese Prozedur an? *Wie? Wann? Warum? Was* ärgert den Anwender? *Was* könnte optimiert werden? In *welchen* größeren Zusammenhang gehört dieses kleine Teil? Bitten Sie ein paar Anwender, Ihnen zu helfen. (Sie werden lebenslange Freunde gewinnen!)

3. Betreiben Sie ein bisschen Recherche im Internet. Das ist nicht schwierig, *egal* zu welchem Thema. Suchen Sie nach allem, was mit Ihrem »kleinen« Problem in Zusammenhang steht. Das Ziel: in größeren/tieferen Dimensionen denken.

4. Bereiten Sie zwei Bogen Papier vor: »Die Aufgabe« (was ist) und »Der Traum« (was sein könnte). Arbeiten Sie mit Anwendern und anderen coolen Kollegen an der Gestaltung des »Traums«, bis etwas Cooles/Gehaltvolles herauskommt, das in ... Ihren Augen und denen Ihrer Kollegen WOW! ist.

5. MACHEN SIE DIESEN ANSATZ (»KLEIN« GIBT ES NICHT!) ZUM TENOR IHRER ARBEIT – IHRES WOW!-PROJEKTS – UND IHRES LEBENS!

4a.

WOW!-QUALITÄT IST MIT JEDER TÄTIGKEIT ERREICHBAR – OHNE AUSNAHME.

WENN SIE DENKEN, ICH ÜBERTREIBE, ... DANN HABEN SIE DEN FALSCHEN SENDER EINGESTELLT!

Der Kern

Gewinner – kein Scherz – lieben unspektakuläre Jobs!

Warum? Weil diese Jobs viel – ungeheuer viel! – Freiraum bieten. Niemand mischt sich ein! Niemand schaut zu! Sie arbeiten eigenständig! Sie sind der King! Sie können sich die Hände schmutzig machen, ... Fehler begehen, ... Risiken eingehen, ... Wunder vollbringen!

Ein Freund von mir bei McKinsey & Co., Bill Matassoni, nahm das ungeliebte »Aufräumen« der Bibliothek zum Ausgangspunkt für eine vollständige Überarbeitung der Methode, wie die Firma Wissen sammelt und bereitstellt; die langweilige Aufgabe mündete in der Entwicklung einer echten, neuen »Kernkompetenz« für das Riesenunternehmen. Sein Geheimnis: (1) ein angeborener Unwille, sich von unliebsamen Aufgaben unterkriegen zu lassen; (2) ein unauslöschlicher Durst nach neuen Lernmöglichkeiten, wie sich aus einer öden Aufgabe ein karrierefördernder Sieg machen lässt.

Die Mechanismen, die dies bewirken, sind durchaus verbreitet: Die häufigste Klage der »Machtlosen« lautet, sie hätten schließlich nicht »den Freiraum«, um irgendetwas Cooles zu machen. Worauf ich unweigerlich antworte: **Unsinn!**

(Meist ist mein Ausdruck sogar noch viel deutlicher.) Den Freiraum *gibt* es. Viele ziehen es allerdings vor, ihn nicht zu nutzen. Eine Aufgabe für Jammerlappen: Finden Sie bei der Arbeit etwas »Kleines« (mit großen Konsequenzen), das Sie ... und andere ... ärgert, und denken Sie sich aus, wie es verbessert werden kann. Dann machen Sie sich daran, es tatsächlich zu verbessern ... in eigener Regie und Zeitplanung. Wohlgemerkt: Wenn man einen Haufen Pferdemist sieht, ... muss da irgendwo ein Pony sein.

Folgerung: Finden Sie Geschmack an der »kleinen« Aufgabe oder an »Jobs«, die niemand will! **(SUCHEN SIE DANACH!)** Sie sind eine Lizenz zur Selbstbevollmächtigung, ganz gleich, ob es sich um die Neugestaltung eines Formulars oder die Planung eines Kunden-Wochenendausflugs handelt. Mit Elan ... können Sie es in etwas Großes und Denkwürdiges, ... in etwas mit WOW!-Qualität verwandeln ... *stets! (S-T-E-T-S!) (Ich wiederhole: STETS.) (Jetzt wiederholen S-i-e: STETS!)*

DIE REGELN DER MACHTLOSIGKEIT

Kürzlich sprachen wir auf einem Seminar über WOW!-Projekte und die Beschäftigten an der Kundenfront. Und ein kluger Teilnehmer erklärte: »Gerade wenn man machtlos ist, hat man Macht.«

Wunderbar.

Der »Machtlose« befindet sich – etwa im Gegensatz zu seinem Abteilungsleiter – nicht unter dem Vergrößerungsglas der Chefetage. Der »Machtlose« kann die (kleine) Aufgabe übernehmen, bei der sich niemand großartig einmischt, und sie drehen und wenden, bis daraus ein wirkungsvolles Statement ... für das Unternehmen, ... die Arbeit, ... ihn selbst ... und natürlich ... WOW!-Qualität wird. Der »Machtlose« kann durch die Leidenschaft für eine Idee Kollegen mit gleichem Status rekrutieren, ... kann so etwas wie einen Kreuzzug der Machtlosen starten.

Der Höhepunkt meiner Karriere auf einer Firmengehaltsliste entwickelte sich aus einem Projekt bei McKinsey & Co., das in das Buch *Auf der Suche nach Spitzenleistungen* mündete. Es war eindeutig – im Rückblick – ein Nebenprodukt von Machtlosigkeit. Aber leider werde ich nie wieder so naiv – und infolgedessen mit so viel Macht ausgestattet – sein.

RAISON D'ETRE

*Dieser Umstand ist gewissermaßen der Hauptgrund dafür, warum ich dieses Buch geschrieben habe. Ich fand mich bei meinen Seminaren umlagert von Leuten, die sagten: »Ihre Botschaft wäre großartig, **wenn ich Vizepräsident wäre**. Aber ich bin nur ein kleiner Hamster im Laufrad. Was kann ich da machen?!« Meine Antwort: Ich bin leidenschaftlich davon überzeugt, dass das WOW!-Projekt für uns alle erreichbar ist.*

Erreichbar, lassen Sie es sich gesagt sein, noch in den kleinsten Projekten, ... wenn unsere Köpfe richtig ... das heißt zweckmäßig ... funktionieren.

T.D.L./Ungetrübte Freude an unspektakulären Aufgaben!

1. Bewerben Sie sich um Ladenhüter! *Heute!* **Jetzt! Freudig!** Frustriert von einem gegenwärtigen Projekt? Melden Sie sich bei der nächsten Komiteesitzung freiwillig für die stupideste Arbeit, die der Boss auf der Liste hat.

2. Eine Nummer größer: Ein viermonatiger Mistjob bietet sich an, zum Beispiel in die tiefe Provinz zu gehen und an der arbeitsintensiven Implementierung eines neuen, fehleranfälligen Computersystems mitzuwirken. Öde Aufgabe. JEDER LÄSST DIE FINGER DAVON.

Hurra! (Zeigen Sie Ihre Freude nicht so offensichtlich.) Genau die Chance, auf die Sie gewartet haben – eigenständig arbeiten ... und sich austoben können, um aus einem lausigen Implementierungsjob einen neuen »strategischen« Ansatz zu machen, wie sich Systeme generell fehlerfrei einrichten lassen ... überall in der Abteilung.

3. Und: Melden Sie sich **stets** freiwillig (1) für das Protokoll, (2) für die Aufstellung der Tagesordnung, (3) für die Organisation der Sitzung. Niemand will diese Aufgaben – und dabei können sie Sie augenblicklich in einen De-facto-Projektmanager verwandeln und Ihnen die Chance zur Umsetzung von WOW! bieten.

* * *

Motto: **MISTJOBS HABEN WOW!- Potenzial.**
Bewerben Sie sich um unliebsame Aufgaben. (Oder wie immer Sie sie nennen mögen.)

Nichts ist nicht-WOW!

»Sicher«, überlegte ein Seminarteilnehmer in London, »kann nicht jedes Projekt ›WOW!‹ sein. Einige müssen doch Routine sein?« Ich dachte einen Augenblick nach, bevor ich antwortete. Aber ich bin überzeugt, dass meine Antwort korrekt war: »Unsinn! Jedes Ding – und jedes Projekt – kann zu einem WOW!-Ereignis gemacht werden.«

Je länger ich darüber nachdenke, desto sicherer bin ich mir.

Sind einige Projekte »kleiner« als andere? **Natürlich!** Na und? Denken Sie an die Woche am Strand von Cape May zurück, als Sie vier Jahre alt waren. Als Ihnen die Julisonne die Haut verbrannte, weil Sie so sehr damit beschäftigt waren, die beste Sandburg aller Zeiten zu bauen, ... sie zu einem ... **WOW!** zu machen.

Die Teenager haben während Ihres Ferienjobs die Aufgabe, das Lager aufzuräumen. Sie machen ihre Arbeit »gut«? Schön! Sie hinterlassen den Platz »lupenrein«? Großartig! Aber dann findet eines der Kids – ich wette, ein zukünftiger Unternehmer –, dass es blödsinnig sei, so viele Paletten wegzuwerfen. *Was wäre, wenn* man sie zerlegte und verkaufte? *Wenn* die Ladecrew sie an Transporteure oder Heimwerker verkaufte, die die eine oder andere gebrauchen könnten?

Bald hat unser zukünftiger Bill Gates den tonnenschweren Abfall, den das Lager produziert, in ein Mikrobusiness verwandelt, das beiläufig auch dazu führt, dass das Areal stets aufgeräumt ist.

Sie haben es schon erlebt. Ich habe es schon erlebt. Den 18-Jährigen ... oder den 46-Jährigen ... oder den 88-Jährigen, der jedes noch so kleine Projekt unwillkürlich in eine Mission verwandelt.

WOW!-untauglich? Ich glaube nicht daran! Ihr Job als Boss: Setzen Sie ein Zeichen. Ermutigen Sie die Innovativen … überall … jederzeit.

Botschaft:

Kämpfen Sie gegen WOW!-losigkeit an!

WOW!-losigkeit ist Einstellungssache!

5.

Das zweiwöchige Projekt zur Überarbeitung der Rechnungsstellung oder zur Einrichtung eines Key-Account-Programms:

IST ES TATSÄCHLICH WOW!?

Werden Sie in einem Jahr stolz davon erzählen oder einen Artikel darüber an eine regionale Wirtschaftszeitschrift schicken – oder zumindest einen kleinen Artikel an die Firmenzeitung?

Test:
Fassen Sie Ihr aktuelles Projekt in zwei Absätzen zusammen oder verfassen Sie eine fiktive Pressenotiz – jetzt sofort. Stellen Sie sich vor, Sie würden sie an die Unternehmenszeitung/das Wirtschaftsblatt schicken:

**GIBT ES ETWAS ZU BERICHTEN, DAS »WOW!« IST?
Woher wissen Sie, dass es »WOW!« ist?**

Beginnen Sie mit der Grundfrage: IST ES ... für *mich* ... »WOW!«? Stellen Sie sodann Ihren Teamkollegen und Kunden exakt dieselbe Frage:

WERDEN DIE ERGEBNISSE
DIESES PROJEKTS
UNVERGESSLICH/BEEINDRUCKEND/
»WOW!« SEIN?

Der Kern

Die Neunziger waren das Jahrzehnt der Nanosekunden. Jetzt beginnt das Jahrhundert der Lichtgeschwindigkeit. Tempo ist Leben! Die unabdingbare Voraussetzung für geschäftlichen Erfolg: Laufen Sie ... um Ihr (berufliches) Leben ... *schnellerschnellerschneller* etc. Wir alle haben das tausendmal gehört.

Wie ist dann der Erfolg von Gillette zu erklären? Die Neuerfindung der Rasur im Frühjahr 1998. Das WOW!, der Gillette MACH3. Entwicklungszeit: sieben *J-a-h-r-e*. Ja ... »nur« für einen Rasierer.

Damit will ich nicht sagen, dass sich Ihr gegenwärtiges Projekt sieben Jahre hinziehen soll. Was ich sagen *will*: WOW! ist eine große, ... ernste, ... tief greifende ... Sache. Und manchmal brauchen große, ernste, tief greifende Dinge Z-e-i-t. WOW! lässt sich schlechterdings nicht überstürzen, denn Hektik und WOW!-Arbeit sind absolute Gegensätze.

Ich möchte, dass Sie sich – gern und mit Stolz – an Ihr gegenwärtiges Projekt erinnern. In f-ü-n-f Jahren. Vielleicht in z-e-h-n. Was bedeutet, dass es wirklich etwas Besonderes sein muss. Dass es möglicherweise ein halbes Dutzend Mal umgestaltet/umstrukturiert/überarbeitet wird ... und am Ende statt vier Wochen vier Monate dauert. (Und alle, die etwas zu sagen haben, sind auf *Sie* ... wegen dieser Verzögerung ... schlecht zu sprechen.) Zu dumm. WOW!-Qualität lässt sich ebenso wenig überstürzen wie L-i-e-b-e (was ausdrücklich *nicht* bedeutet, dass man nicht nachhelfen/anspornen/beschleunigen kann).

* * *

Tom Wolfes *Ein ganzer Kerl* war ein großer Hit. Erste Auflage: Eine Million verkaufte Exemplare. Wolfe setzte den Roman anfangs in New York an. Arbeitete viele *Jahre* daran. Beschloss, dass es zu sehr dem *Fegefeuer der Eitelkeiten* glich. Verwarf den Ort. Verlegte alles nach Atlanta. Begann von vorn. Und erreichte WOW! erst Jahre später/ verspätet.

T.D.L./Machen Sie langsam!

1. Ziehen Sie jeden Freitag- (oder Samstag-)morgen anhand Ihrer einseitigen WOW!-Projektbeschreibung Bilanz: Sind Sie noch im Zielkorridor? Hat Ihr Traum noch Gültigkeit? Führen Sie diesen WOW!-Test mit religiösem Eifer durch. Sehen Sie darin eine regelmäßige Erneuerung Ihrer Gelübde.

2. Überprüfen Sie Ihr Projekt einmal im Monat (bei längerer Laufzeit) mit Ihrer exzentrischsten Freundin: Besteht es noch ihren WOW!-Test? Und/oder: Veranstalten Sie ein externes Meeting mit Teamkollegen ... und erwägen Sie ernsthaft, das Projekt auf der Basis dessen, was Sie dazugelernt haben, umzustoßen und komplett neu zu konzipieren. (Denken Sie an Tom Wolfe.)

3. Verfassen Sie gewissenhaft monatliche Berichte über den Fortgang des Projekts für den Abteilungsrundbrief, ... hauptsächlich, um festzustellen, was es Neues und WOW!-Wissenswertes über das Projekt zu berichten gibt.

4. Verschicken Sie regelmäßig am Freitagnachmittag eine **WOW!-Mail** (E-Mail), die die WOW!-Ereignisse/-Ausblicke der Woche aufzählt. Wenn es keine gibt, ... dann dürfen Sie sich getrost Sorgen machen!

6.

Es ist elementar:

Wenn Sie »es« nicht lieben, wie können Sie dann erwarten, dass andere es lieben? *(Ihre) Leidenschaft erzeugt Leidenschaft bei anderen. Punkt.*

ÜBERDENKEN/
VERÄNDERN/
GESTALTEN SIE
DAS PROJEKT SO LANGE, ...
BIS SIE ES LIEBEN.

Der Kern

Überzeugung schlägt Bedeutung. Diese Behauptung ist nicht aus der Luft gegriffen. **Es gibt stichhaltige Beweise dafür, dass die »Bedeutung« eines Projekts (viel) weniger zu seinem Erfolg beiträgt als die Überzeugungskraft seiner Initiatoren.**

Lassen Sie sich niemals auf ein Projekt ein, von dem Sie sich nicht vorstellen können, es in Ihr Herz zu schließen. Auf dieser Basis werden Sie wahrscheinlich keine Bestleistung zeigen. Andererseits habe ich festgestellt, dass fast jedes Projekt in ein »Objekt der Begierde« verwandelt werden kann. Anstatt beispielsweise das ganze Projekt auf einmal abzuhandeln, können Sie einen Teil herauslösen, der Sie wirklich herausfordert/anspricht. Machen Sie unmittelbar aus diesem Teil Ihr WOW!-Projekt-in-einem-WOW!-Projekt: Wenn es funktioniert, gehen Sie zu einem weiteren Teil über, zu dem Sie einen Zugang finden. Der Trick besteht auch hier darin, so lange umzugestalten, bis es »funkt«.

(An dieser Stelle auch eine deutliche Botschaft für Bosse: Mitarbeitern »wichtige« Projekte rücksichtslos aufzudrücken, kann nach hinten losgehen. Machen Sie daraus:

WIRD NACH HINTEN LOSGEHEN.

Suchen Sie stattdessen eine Projektleiterin, die sich von der Herausforderung wirklich angesprochen fühlt, selbst wenn sie nicht Ihre »erste Wahl« ist. Oder definieren Sie das Projekt um, bis es für Ihre Wunschkandidatin attraktiv ist.)

T.D.L. /Ein Projekt zum Verlieben! (Oder: Vergessen Sie es!)

1. Analysieren Sie ein mögliches Projekt gründlich. Zerlegen Sie es in mehrere Unterprojekte. Wählen Sie eines oder zwei davon aus, die Ihnen ausgesprochen aufregend/provozierend/spannend erscheinen. Machen Sie sie zu Ihren ersten Projekten-in-einem-Projekt. (Behandeln Sie jeden Teil als ein eigenständiges Projekt.) Gestalten Sie das Gesamtprojekt den Ergebnissen dieser ersten Unterprojekte (Mikro-WOW!s) entsprechend, um es insgesamt attraktiv zu machen.

2. Arbeiten Sie zusammen mit (potenziellen) Teamkollegen an der Definition des Projekts. **Ihr Ziel sollte es sein, die Struktur der Aufgabe/Projektthemen so umzudefinieren, dass sie für *jedes* Teammitglied eine spannende WOW!-Herausforderung darstellen.**

3. Scheuen Sie nicht vor dem Begriff »Liebe« zurück. Lieben Sie Ihr Projekt wirklich? Bewerten Sie es auf

einer entsprechenden Skala: eins = Abneigung; zehn = Brennendes Verlangen. STOPPEN SIE IHR PROJEKT, SOLANGE IHRE BEWERTUNG – UND DIE ALLER IHRER TEAMKOLLEGEN – NICHT *MINDESTENS* SIEBEN ODER ACHT BETRÄGT.

7.

Sie – wie wir alle – erkennen Schönheit, wenn Sie sie sehen. Warum also nicht ... Schönheit in der Rechnungsstellung? (Oder worum auch immer es bei dem Projekt geht.) Eines ist sicher: Sie werden es niemals erfahren, solange Sie nicht fragen!

Der Kern

Mein (unverhohlenes) Ziel: Überdenken Sie Ihre Einstellung gegenüber Projekten. Addieren Sie Leidenschaft. Lernen Sie »WOW!«, ... »Liebe« ... etc. zu sagen.

Und ...

S-C-H-Ö-N-H-E-I-T.

Warum **(verdammt!)** benutzen wir Wörter/Ideen wie »Schönheit« nicht in unserer täglichen Projektarbeit? Warum ist Schönheit zwischen neun und 17 Uhr »nicht cool«? Wir wissen, was Schönheit ist. Richtig? Also: Lassen Sie uns diesen Begriff auf die Formulierung, die Ausführung und die Ziele des Projekts anwenden. (Verdammt.)

Dazu folgendes Zitat von David Gelernter aus *Machine Beauty*:

> *Der Sinn für Schönheit ist wie eine Stimmgabel im Kopf, die zu schwingen beginnt, wenn wir etwas Schönem begegnen. ...*
>
> *Dass so viele führende Wissenschaftler ein Faible für Kunst haben, ist kein Zufall. ... Sie machen*

kein Geheimnis daraus, dass Schönheit eine zentrale Rolle in ihren Arbeiten spielt, und dennoch verhalten wir uns so, als würden wir ihnen nicht glauben. Sie reden über Schönheit, und wir tun so, als würden sie einen Scherz machen.

Wenn mathematische Methoden (in der Computerprogrammierung) fehlschlagen, ist die Reaktion jedes Mal: »Wir brauchen mathematischere Methoden!« ... Besser wäre es zu sagen: »Zur Hölle mit der Mathematik, bringen wir unseren Programmierern bei, was Schönheit ist.«

Sind Sie bereit?

(Ich *weiß*, dass Sie es *können*.)

Denken Sie, dass **»es«** wichtig ist?

(Würden Sie es nicht »lieben«, auf ein »s-c-h-ö-n-e-s« Projekt zurückzublicken?)

T.D.L./S-c-h-ö-n-h-e-i-t!

1. Treffen Sie sich mit einer guten Freundin, vor der Sie großen Respekt haben. (Vielleicht nicht gerade eine Kollegin.) Sprechen Sie bei einem Abendessen mit ihr über »Schönheit« ... *in Bezug auf Arbeit*. Was ist Schönheit? Was sind *Beispiele* für Schönheit – bei einem Essen im Restaurant, einem Hotelaufenthalt, einer Banktransaktion, einer Tankstelle, einem Werkzeug, einem Formbrief, einer Webseite? Was ist Nicht-Schönheit/Hässlichkeit ... bei einem Formular, einem Prozess, einer Regelung?

(WICHTIGER GEDANKE: Lernen Sie, über Schönheit zu reden ... auf natürliche/alltägliche Weise. J-e-d-e-n Tag.)

2. Nehmen Sie Ihr gegenwärtiges Projekt: Gehen Sie von dessen Kurzbeschreibung (max. eine Seite) aus. Untersuchen Sie die Projektziele. Sind sie – auf einer Skala von eins bis zehn gemessen! – *schön*?

1 = Abstoßend/unerfreulich

5 = Neutral

10 = Atemberaubend schön

Sind sie unsicher, wie Sie das messen können? Mein Rat: TUN SIE ES EINFACH. Treffen Sie sich mit zwei oder drei Leuten, darunter einem Teamkollegen und einem Kunden: Sprechen Sie über das Projekt, seine Definition, seine erhofften Resultate. Sprechen Sie über Schönheit … in allen Lebensbereichen. Sprechen Sie dann über Schönheit im Zusammenhang mit dem Projekt. Die Diskussion wird sich mühsam gestalten, da das Thema ungewohnt ist. Macht nichts! (Ist sogar gut so. He, wir versuchen, eine ganz neue Sprache zu erlernen.)

3. Regen Sie diese Diskussion über Schönheit in Ihrem Projekt immer wieder an – jede Woche/jeden Monat. Regelmäßig.

4. Laden Sie Leute von außen ein, um mit Ihrem Team zu reden/zu arbeiten. Architekten, Tänzer, Musiker etc.

* * *

Das Schönste, was wir erleben, ist das Mysteriöse. Es ist die fundamentale Gefühlsregung, die an der Wiege echter Kunst und echter Wissenschaft steht. Wer es nicht kennt und sich nicht mehr wundern kann, wer sich nicht mehr überraschen lassen kann, ist so gut wie tot, eine ausgeblasene Kerze.

Albert Einstein

8.

Behalten Sie das im Kopf: D-E-S-I-G-N. ... UND ... D-E-S-I-G-N-E-R. Von Beginn an.

Schönheit/Eleganz/
Freundlichkeit/Identität/
WOW!/
magische Momente:
Das ist die Welt des Designers!

(Und ... ja, ... ich spreche über das Lagerhaus oder das Projekt zum Thema Rechnungsstellung!) (Siehe auch unser geplantes Buch *TOP50 – The Design+Identity*.)

Der Kern

Setzen Sie Design ganz oben auf die Liste Ihres Projektteams. Und setzen Sie ... damit ... Designer an dessen Spitze.

Design – **Schönheit, Eleganz, Klarheit + Ökonomie, Benutzerfreundlichkeit** – sind Aspekte, die im Durchschnittsprojekt, ... wenn überhaupt ..., zu spät berücksichtigt werden. Das ist ein gefährlicher, leichtsinniger, kontraproduktiver Ansatz. Also: Stopp!

Design ist einer dieser magischen Bereiche, die auf unser Unterbewusstsein wirken. Es macht uns fröhlich, ... inspiriert uns, ... begeistert uns, ... häufig ohne dass wir verstehen, warum. Und: Es ist die Essenz von WOW!. Es ist – sollte sein! – eine WICHTIGE Komponente jeden **(Wirklich: J-E-D-E-N)** WOW!-Projekts!

Hören wir, was John Loring, Designchef des Milliarden umsetzenden Unternehmens Tiffany & Co., uns zu diesem Thema zu sagen hat:

Wir reagieren »mit dem Bauch« auf Design. Das ist eine Methode, die zuverlässig funktioniert. Etwas, das visuelle Wahrheit besitzt, braucht nicht erklärt zu werden. ... Es ist ein gravierender Fehler, Design zu intellektualisieren, wo es doch in Wirklichkeit etwas Körperliches ist. ...

Die Chicago Bulls sind eine der großen Ballett-Darbietungen unserer Zeit. Das ist großartige moderne Visualisierung. Sie können nicht für Tiffany & Co. Design entwerfen, wenn Sie die Darbietungen der Chicago Bulls (während der Jordan-Jahre) kalt gelassen haben. ... Wir mögen keine verschnörkelte und weiche Bildersprache; wir bevorzugen Mut ... aggressives Styling, Chic und Eleganz, passend zu den modernen Zeiten. Wir leben nicht im Frankreich des 18. Jahrhunderts.

Amen!

Wichtiger Gedanke: Wir *alle* sind Designer.

Wir – in der Buchhaltung, Personalabteilung etc. – kommunizieren mit unseren internen/externen Kunden und Geschäftspartnern über Hunderte (buchstäblich) von »Designsignalen« ... täglich. Die Art, wie unsere Büros eingerichtet sind, ... was an den Wänden hängt, ... die Form, Farbe und Größe jeden Instruments (im weitesten Sinn), das wir benutzen, ... unsere Voicemail, ... unsere Webseite ... senden alle (klar, wenn man in der Lage ist, das wahrzunehmen) designbezogene Botschaften aus.

Und dennoch begreifen wir uns selten – wenn überhaupt – als Designer. ICH BIN AUFS ÄUSSERSTE

ENTSCHLOSSEN, DIES ZU ÄNDERN ... *UND DE-SIGN/DESIGNER AN DIE SPITZE DER PRIORITÄTENLISTE ALLER WOW!-PROJEKTE ZU SETZEN.*

Unterm Strich: Jedes Projekt *kann* ein WOW!-Projekt sein, ... *kann* schön und elegant sein. Aber nicht, solange Sie Design nicht wirklich ernst nehmen ... ausdrücklich und von Anfang an.

T.D.L./Designbewusstsein

1. Versammeln Sie Ihre WOW!-Projekt-Crew in den nächsten drei Tagen zu einer zweistündigen Diskussionsrunde zum Thema Design. Frage: INWIEWEIT KÖNNTE UNS DAS THEMA DESIGN TANGIEREN? **... UNSER PROJEKT NEU DEFINIEREN?** ... DAS KERNSTÜCK/»ES«/DIE HAND-SCHRIFT UNSERES PROJEKTS WERDEN? (Bitte benutzen Sie ausdrücklich diese ... oder zumindest ähnlich ausdrucksstarke ... Begriffe.)

2. Nehmen Sie einen Designer an Bord. Jetzt!

3. Setzen Sie das Thema Design auf die Tagesordnung **jeder** Projektsitzung. (Vorzugsweise ... ziemlich weit oben.)

4. Erwägen Sie den Besuch eines ein- bis zweitägigen Kurses zur »Sensibilisierung für Design« – oder etwas in der Art.

5. Notieren Sie in Ihrem Tagebuch ... jeden Tag ... mindestens ein Beispiel für großartiges und eines für schlechtes Design, das Ihnen im Alltag begegnet. Wohlgemerkt: *Alle einzelnen* Produkte, die Sie kaufen, Schecks oder Dokumente, die Sie unterschreiben, Gebäude und Geschäfte, die Sie betreten, und Werbung, die Sie sich anschauen, wurden von irgendjemandem entworfen. Wie haben die das gemacht?

9.

Der Kern

Unsere Auffassung: Jedes Projekt *muss* auf einer Skala von Revolutionär/ABGEDREHT/Fit-für-die-durchgeknallten-Zeiten bewertet – gemessen! – werden. (Warum: Dies *sind* revolutionäre Zeiten.)

Woher wissen Sie, ob ein Projekt und seine angepeilten Ziele »revolutionär« sind? Lassen Sie es von einem verrückten/revolutionären Anwender/Kunden bewerten! Lassen Sie es durch den coolsten/verrücktesten/durchgeknalltesten Typen aus Ihrem Adressbuch testen! Lassen Sie (sehr) jugendliche Internet-Freaks einen Blick darauf werfen! (*Jedes* Projekt braucht eine starke Web-Komponente. Siehe Kapitel 10.) Fragen Sie Ihre 14-jährige Tochter, was sie darüber denkt. (Im Ernst!) Und wie üblich liegt der *wirkliche* Schlüssel darin, mit dem Wort »revolutionär« vertraut zu werden. Lernen Sie es in der alltäglichen Projektkommunikation zu gebrauchen. Das Ziel: Mit dem Konzept/Imperativ ... des Revolutionären ... das kollektive Bewusstsein und (noch wichtiger, weil üblicherweise Hauptsitz des WOW!-Potenzials) das kollektive *Unter*bewusstsein des Projektteams zu durchdringen.

T.D.L./Revolution!

1. Kein Quatsch. **Listen Sie *fünf* Aspekte Ihres Projekts auf, die wirklich revolutionär sind. Jetzt gleich.** (Wenn Sie können, ... erfinden Sie neu/gestalten Sie um.) (Ich meine es absolut ernst.)

2. Laden Sie **drei originelle Leute** ein – einen Kunden, einen Akademiker und irgendeinen coolen Typen aus Ihrem Adressbuch –, um die revolutionären Aspekte Ihres Projekts zu bewerten. Je eher, desto besser.

3. Lassen Sie Ihre Teammitglieder aufschreiben, warum das Projekt revolutionär sein muss, ... und was das Wort für sie bedeutet. Veranstalten Sie ein »revolutionäres« Meeting (suchen Sie dafür einen originellen Ort aus – klar), um über das zu diskutieren, was jeder geschrieben hat. Das Ziel: das ganze Team ins Boot ... oder besser: aus dem Boot! ... zu holen.

4. Lassen Sie Ihre Teamkollegen jedes der angepeilten Projektresultate auf einer Skala von eins (= »der-übliche-Trott«) bis zehn (= »revolutionär«) bewerten.

5. Setzen Sie »revolutionäre Aspekte« auf die Tagesordnung *jeder* Projektbesprechung.

Botschaft:
MACHEN SIE SICH FIT FÜR DAS WORT/DIE IDEE »REVOLUTIONÄR«.

10

Eine »tragende« Rolle? (Großer Begriff ... aber ich meine es ernst.) Von Beginn an?

Der Kern

Kein Projekt ist »revolutionär« (oder rechtfertigt überhaupt das morgendliche Aufstehen), ... in dem nicht das Internet eine W-I-C-H-T-I-G-E/O-F-F-E-N-S-I-V-E Rolle spielt.

Das Projekt ist vielleicht nicht mehr als das jährliche »Treffen« der Zulieferer. Nun, ... warum nicht: (1) eine spezielle Webseite für das Ereignis? (2) Anmeldung über das Internet? (3) Einbeziehung von »Zu-Hause-Gebliebenen«, die nicht zur Veranstaltung eingeladen wurden, durch verschiedene Präsentationen im Internet? (4) Rückblick auf die Veranstaltung via Internet? (etc., etc.)

T.D.L./Revolution = Willkommen in der Welt des Internets!

1. Beziehen Sie das Internet explizit und von Beginn an in das Projekt – jedes Projekt! – mit ein.

HEUTE.

2. Laden Sie einen oder zwei lokale »Internet-Gurus« zum Mittagessen ein, damit sie Ihren Projektplan überprüfen und Ihnen offensive Internet-Ratschläge geben können.

3. Lassen Sie alle Teammitglieder regelmäßig von ihren Lieblings-Internetadressen erzählen ... und bestimmen Sie, inwieweit diese möglicherweise für Ihr Projekt relevant sind. (Tun Sie dies mit Sorgfalt und Systematik!)

4. Erzeugen Sie Ihre eigene ... **WOW!-Projekt-Website**. PS: Aussehen und Inhalt der Seite werden viel über das Projekt aussagen. Kein WOW!-Projekt wird eine Nullachtfünfzehn-Seite haben. (Richtig? Wie in ... Bingo!)

11.

Nein, nicht jedes Projekt ist wie Windows 95. Aber jedes Projekt sollte erkennbar »etwas bewirken«. Selbst die »simple« Neugestaltung eines einzelnen Formulars: »Kündet die S-c-h-ö-n-h-e-i-t des Ergebnisses von der ganz neuen Art, die Dinge in unserer Abteilung zu betrachten? War es die Mühe wert?«

Der Kern

EFFEKT. Hat das Projekt »unsere übliche Arbeitsweise« verändert? Hat es etwas bewirkt/erkennbar verändert?

W-E-N I-N-T-E-R-E-S-S-I-E-R-T E-S?

Ralph Waldo Emerson – der Verkünder der Selbstverantwortlichkeit – ist als moderner Held in unsere Mitte zurückgekehrt: Wir müssen »für etwas stehen«/»eine Geschichte zu erzählen haben«, um beruflich zu überleben. Nichts und niemand, ... kein Boss, kein Teamkollege, keine Technologie ... kann uns das abnehmen. Unser Schicksal ... und unsere Karriere ... liegen heute mehr (*viel mehr*) denn je ... in unseren eigenen Händen. Das ist eine der großen Binsenwahrheiten unserer verrückten, ausgeflippten, vernetzten, wunderbaren, revolutionären Zeit.

Den überwiegenden Teil unserer wachen Stunden verbringen wir mit ... Projekten. Diese Projekte sind ... folglich ... *unsere Geschichte*, ... unser berufliches Vermächtnis. **Sie sind wir**. Deshalb ist – *definitionsgemäß* – im Beruf nichts (!) wichtiger, als die Frage: WAR ES [DAS PROJEKT] DIE MÜHE WERT?/HAT ES [DAS PROJEKT] ETWAS BEWIRKT?

Kurz: Unsere Projekte müssen ... definitionsgemäß ... etwas bewirken!

Das Prinzip ist somit klar: Es ist unsere allererste Verpflichtung – *uns selbst gegenüber* – sicherzustellen, dass *jedes* Projekt – ganz gleich, wie profan es dem Anschein nach ist – die Mühe wert ist/etwas bewirkt/verändert/einen nachhaltigen E-f-f-e-k-t hat.

EFFEKTIVITÄT, IM SINN POLLOCKS

Mehr WOW!-Kriterien: Während ich mich Ende 1998 auf den Besuch einer Jackson-Pollock-Retrospektive im New Yorker Museum of Modern Art vorbereitete, fiel mir Claude Cernuschis Buch *Jackson Pollock* in die Hände. In einem Kapitel befasst sich der Autor mit den von Kritikern benutzten Kriterien, um Karriere und Werk eines Künstlers zu bewerten. Nämlich:

* *Form*: War es »cool«?

* *Qualität*: Zeugte es von großer Kunstfertigkeit?

* *Originalität*: Konnte es als Neuheit klassifiziert werden?

* *Einfluss: Hat das Werk dieser Person die Kunstwelt entscheidend verändert?*

Eine anspruchsvolle Liste! Also: **Wenden Sie sie auf Ihr gegenwärtiges Projekt an.** Jetzt! (Okay?) (Keine Ausreden!) (Und ... keine halben Sachen. Verwenden Sie Cernuschis Terminologie. Warum nicht?)

T.D.L. /War es die Mühe wert?

1. Stellen Sie zwei oder drei Dinge zusammen, die Sie in den nächsten 18 Monaten bis zwei Jahren Ihrem Lebenslauf hinzufügen möchten. Ist Ihr gegenwärtiges Projekt in seiner aktuellen Konzeption darin enthalten? (Das heißt, macht es in Ihren Augen WIRKLICH Sinn?) Wenn nicht, gestalten Sie das Projekt … **RADIKAL** … um, oder steigen Sie allmählich aus.

2. Sprechen Sie mit ein paar gelehrten Leuten (die Sie bewundern) und bitten Sie sie um eine *ehrliche* Einschätzung Ihres gegenwärtigen Projekts:

BEWIRKT ES ETWAS, … ODER IST ES REINE ZEITVER-SCHWENDUNG?

(PS: Damit ein Projekt effektiv ist, muss es *nicht* »groß« sein; siehe Kapitel 5 und 6 zum Thema »kleine Projekte«, die es Ihnen gestatten, Probleme von großer Tragweite anzugehen und per Handstreich zu lösen.)

3. Hüten Sie sich vor Rückfällen! Bleiben Sie stets wachsam! (Verdammt!) Sorgen Sie dafür, dass die Frage »Ist es die Mühe wert?« während des gesamten Projekts aktuell bleibt. Stellen Sie sich diese Frage (mit dem gebührenden Ernst und im Wortlaut) am Ende jeder Woche, … wenn nicht gar täglich.

11a.

HEUTE SCHON JEMANDEM AUF DIE FÜSSE GETRETEN? (ALLE WOW!-PROJEKTE PROVOZIEREN DAS ESTABLISHMENT.)

Es ist einfach:
**WOW!-Projekte = Veränderung der Regeln.
Veränderung der Regeln = Plattfüße bei Mitgliedern des Establishments.** (Punkt. Das sind die Axiome.)

Ich rate Ihnen damit nicht, Streit zu suchen. Aber Konfrontationen gehören nun einmal zu echten WOW!-/wirkungsvollen Projekten dazu. Können Sie sich einen Martin Luther King, Jr. ... ohne Feinde vorstellen? Oder Gandhi? Oder: Franklin Roosevelt, ... der es mit einem isolationistischen Kongress zu tun hatte. (Seine *Lend Lease*-Vereinbarung mit Churchill im Jahr 1941 war eindeutig verfassungswidrig ... ebenso wie viele Aktionen Lincolns 80 Jahre zuvor.)

Anders formuliert: **Politik gehört zum Leben.** Projektleben inbegriffen. Und das trifft – vielleicht paradoxer-, oder zumindest ironischerweise – auf »WOW!-Projekte« gleich in zweifacher Hinsicht zu, das heißt auf Projekte, die – per Definition – die Regeln verändern. Sie werden nun einmal mit Leuten zu tun haben, die aus verschiedenen Gründen nicht wollen, dass Sie Erfolg haben: Leute, die neidisch sind, ihr Hoheitsgebiet verletzt sehen, die ein großes Interesse am Status quo haben oder sich ganz einfach vor Veränderungen fürchten. Deshalb werden Sie ... enormes politisches Geschick (à la Clinton) brauchen, um diese Neinsager ... zu neutralisieren, ... zu lenken ... und in einigen Fällen ganz einfach zu überlisten/zu umgehen/einzubinden. Und wie zu erwarten, glänzt der Begriff der »Projektpolitik« in der Literatur zum Projektmanagement durch Abwesenheit.

T.D.L./Legen Sie sich ein dickes Fell zu!

1. Machen Sie sich klar, wen Ihr Projekt nerven, provozieren und/oder auf die Palme bringen wird, ... wenn alles nach Plan läuft. (*Alle lohnenden und erfolgreichen WOW!-Projekte verändern die internen Machtverhältnisse.*) Versuchen Sie anfangs, nicht zu viel Profil zu zeigen, ... und vermeiden Sie es, zu früh offen zu legen, was Sie in der Hand haben (gerade, wenn das Projekt besonders sensibel ist). Versuchen Sie, an den Stellen starke Verbündete zu gewinnen, die von Ihrem Projekt profitieren werden. Vergegenwärtigen Sie sich, wo genau diese möglichen Verbündeten sitzen, und beginnen Sie ... frühzeitig ... damit, sie ins Boot zu holen. Verändern Sie gegebenenfalls Elemente Ihres Projekts – das heißt, fügen Sie weitere »Ziele« hinzu –, um für diese potenziellen Unterstützer in einflussreichen Positionen noch attraktiver zu werden.

2. Machen Sie einen präzisen Plan, wie Sie Ihre ersten wichtigen Anhänger werben/überzeugen wollen.

Wieder geht es um »Politik«. Aber bedenken Sie: Politik = die Kunst, Dinge zu bewegen.

Keine »Politik« = keine Implementierung.

Und was »den Plan« betrifft: Politische Kampagnen sind heutzutage kaum eine Zufallsangelegenheit. Richtig? Können Sie hier nicht ein oder zwei oder 22 Dinge von James Carville lernen, einem jener Leute, denen dieses Buch gewidmet ist?

12.

Unser Ziel: aus den Kunden unseres WOW!-Projekts, vom ersten Alpha-Tester angefangen, mindestens ... begeisterte Fans zu machen.

Der Kern

WOW! ist *großartig*. (He, ... das ist der ganze Sinn der Übung!) Schönheit ist der Test für die dauerhafte und hervorragende Qualität des Projekts. (Wenn Sie Schönheit vernachlässigen, ... ist Ihnen meine ehrliche Verachtung sicher!) Revolutionär *muss* sein. (Revolutionäre Zeiten ... **fordern** revolutionäre Projekte ... ohne Zweifel.) *Effektivität* ist Ihre Visitenkarte. (Auf lange Sicht müssen Sie in der Lage sein, die Frage »War es die Mühe wert?« positiv zu beantworten.)

Was fehlt also noch auf unserer Liste der Eigenschaften hervorragender Projekte? Antwort: **DER K-U-N-D-E.** Aber wenn es ein WOW!/revolutionäres/schönes/effektives/lohnendes Projekt werden soll, ... ist es dann ausreichend, »den Kunden einzubeziehen«? Meine Antwort: Keineswegs! Wir wollen in Bezug auf Kunden denselben »WOW!-KOMME-WAS-DA-WOLLE«-Standard erreichen, den wir von uns selbst fordern. Daher mein Rat: Bedienen Sie sich ungeniert bei Ken Blanchard und Sheldon Bowles, die einen Bestseller mit dem Titel *Wie man Kunden begeistert* geschrieben haben. Sie beschwören uns, weit über »Kundenzufriedenheit« hinauszugehen. Aus jedem Kunden ein Aushängeschild für unsere Arbeit zu machen, ... das heißt, einen begeisterten Fan. Deshalb sage ich:

Orientieren Sie sich – MESSBAR! – am Kunde-als-begeisterter-Fan-Standard.

Auch dies ist – möglicherweise – eine Gelegenheit, um das Projekt *noch weiter umzugestalten*. Beziehen Sie (sehr) frühzeitig einen wirklich coolen Kunden – oder zwei oder drei oder vier – ein. Lassen Sie diesen coolen Kunden an der Gestaltung des Projekts mitarbeiten. Stellen Sie ihm in *genau* diesem Wortlaut folgende Frage:

»WAS – EXAKT, IN RESULTATEN AUSGEDRÜCKT – KÖNNEN WIR TUN, UM SIE ZU EINEM ... BEGEISTERTEN FAN ZU MACHEN?«

(Noch einmal: Ich bitte Sie, tatsächlich die Wörter »begeisterter Fan« zu benutzen. Und dann das Projekt so weit umzugestalten, um Ihre Kunden in begeisterte Fans zu verwandeln.)

T.D.L. /Begeisterte Fans! (Oder Pleite!)

1. Stellen Sie sich als erstes – möglichst präzise – vor, was es bedeutet, ein »begeisterter Fan« zu sein. Was macht Sie zu einem begeisterten Fan eines Produkts oder einer Dienstleistung? (Und was stößt Sie ab? **Oder führt dazu, dass Sie ... der Horror schlechthin ... »zufrieden«, ... aber emotional unbeteiligt sind?**) Erstellen Sie eine Liste von Dingen, die Sie *lieben* ... und *hassen*. Fragen Sie anschließend: Enthält unser Projekt – explizit – die Art von Köder, die ich als Anwender/Kunde *liebe*? Und schließt es ausdrücklich die Dinge aus, die ich *hasse*? Die Idee: Beginnen Sie, explizit über einen **B**egeisterter-**F**an-**S**tandard nachzudenken.

2. Suchen Sie sich eine **(1!)** potenzielle Anwenderin. Jetzt. Führen Sie sie durch das Projekt. Stellen Sie fest, ob sie wie ein begeisterter Fan reagiert. (Nicht einfach in einer Phase, in der das Projekt noch skizzenhaft ist.) Beginnen Sie mit ihr zumindest einen Dialog über die Möglichkeit, zum begeisterten Fan zu werden. Wiederholen Sie diesen Prozess, während Sie die Projektdefinition umgestalten/anpassen.

3. Überprüfen Sie – sorgfältig! – die Kundenreaktionen auf die gegenwärtige Version des Geschäftsprozesses, den Ihr aktuelles Projekt in ein WOW!-Ereignis verwandeln will. Haben Sie ein fundiertes Verständnis für die Anwender … heute? Was sie »lieben«/»hassen«/lediglich »mögen«?

Was **erbost sie**? Was **begeistert sie**? Das muss Ihnen **klar sein**, … wenn Sie sie morgen in begeisterte Fans des revolutionierten Prozesses verwandeln wollen. Hinweis: Benutzen Sie unzufriedene Kunden als Versuchskaninchen. Der »durchschnittliche« Anwender ist möglicherweise zu uninteressiert, das heißt, vom aktuellen Zustand nur leicht genervt. Was Sie brauchen, ist ein »aufsässiger« Anwender, der Sie … heute … katastrophal findet und morgen ein Fan (von der begeisterten Sorte) wird. Ziehen Sie diese störrische Seele auf Ihre Seite, … und denken Sie daran, wie begeistert die Durchschnittsanwender sein werden!

12a.

Der Kern

Die amerikanischen Frauen sind die größte Wirtschaftskraft der Erde. (Verantwortlich unter anderem für 4,8 Billionen US-Dollar des US-Bruttoinlandsprodukts.) Im Besitz amerikanischer Frauen befindliche Geschäftsunternehmen – davon gibt es mehr als neun *Millionen* – haben einen höheren Umsatz (3,6 Billionen US-Dollar) als das Bruttoinlandsprodukt der gesamten deutschen Wirtschaft. Dennoch werden Frauen von fast allen größeren Gesundheitsversorgern, ... Finanzdienstleistungsunternehmen, ... Autoherstellern (und, weiß Gott, Autohändlern!), ... Computerherstellern etc. stiefmütterlich behandelt/schlecht beraten/falsch bedient. (Ich könnte viel mehr dazu sagen ... und *werde* das auch in einem geplanten weiteren Buch dieser Reihe, *TOP50 – The Women's Market*.)

Im Hinblick auf das Thema WOW!-Projekte ist meine Botschaft jedoch kurz und ... wie ich hoffe ... eindringlich:
WENN FRAUEN – ALS EINZEL- ODER GESCHÄFTSKUNDEN – TEIL IHRER ZIELGRUPPE SIND (und das sollte – in irgendeiner Form – der Fall sein), ... DANN SOLLTEN SIE SICH ENTSPRECHEND VERHALTEN!

Das bedeutet, *jeder* Aspekt des Projekts/Produktdesigns und des Kundenkontakts muss explizit auf Frauen als Anwenderinnen zugeschnitten sein.

Beschäftigen Sie sich schwerpunktmäßig mit dieser Frage, … nicht beiläufig und im Nachhinein.

KLARE BEWEISLAGE

Die Beweislage ist verblüffend eindeutig. Finanzdienstleistungen, Gesundheitsdienste, Computersysteme, Autos, was auch immer: »Männer« sind daran interessiert, die Transaktion abzuschließen; Frauen sind eher darauf aus, eine »Beziehung« zum Anbieter aufzubauen. Im Großen und Ganzen wünschen sich Frauen keine offensive, penetrante Verkaufsstrategie; sie wollen das Angebot studieren und kontrolliert reagieren. (Siehe beispielsweise »Female Thinking« in *Clicking – Der neue Popcornreport* von Faith Popcorn.)

G-e-n-a-u dieselben Grundsätze gelten auch hinsichtlich interner Kunden, wenn es um das Projekt zur Umgestaltung von Geschäftsprozessen geht. Zum Beispiel: »Verkaufen« Sie lediglich neue Produktvarianten? Oder verkaufen Sie eine neue, rücksichtsvollere Art, die Beziehungen zwischen Geschäftseinheiten zu gestalten?

T.D.L./Frauen als Projekt-Anwender

1. Sind Frauen – interne oder externe Kundinnen – Hauptanwenderinnen der Resultate dieses Projekts? Könnten sie es sein? (Sind Sie sich bei der Antwort auf diese Frage absolut sicher?)

2. Ist *jede* Komponente des Projektdesigns und der Projektausführung auf Frauen als Anwenderinnen zugeschnitten?

3. Verfügen Sie über die richtigen Leute – Ratgeber, Kunden/potenzielle begeisterte Fans –, die Ihnen helfen können, dieses Projekt unter dem Aspekt Frauen-als-Anwenderinnen umzugestalten (und auszuführen!)? **Hinweis (Logo!?)**: Das bedeutet, Frauen in der Crew zu haben ... in klaren Führungspositionen.

4. SIND FRAUEN ALS ANWENDERINNEN EIN GROSSES

(WOW+!)

THEMA IN IHREM TEAM-/DESIGNPROZESS?

Wenn nicht, ... warum nicht? (Denken Sie darüber nach. Sprechen Sie darüber. Ausdrücklich. Regelmäßig.)

13.

Wir brechen gerade auf zu ... einem Abenteuer.

Der Kern

Piraterie. Pionierreise. Konventionen über den Haufen werfen. **A**benteuer! Der Punkt:

SIE WERDEN NIEMALS ETWAS BEWIRKEN, SOLANGE SIE NICHT VORSÄTZLICH EIN »UNVERGESSLICHES ABENTEUER« AUSHECKEN (**UND** AUSFÜHREN).

Während der Entwicklung des ersten Mac hängte Steve Jobs über seinem Entwicklungszentrum bei Apple eine Piratenflagge auf. (Er vollführte eine Pionierleistung – von ungeheurer Dimension – in seinem eigenen Unternehmen!)

Die Idee dahinter ist praktischer Natur: Wir werden keinen (historischen) Vorsprung gegenüber dem Status quo erreichen, ... solange wir nicht unsere Mitstreiter/Matrosen (Anwender, Zulieferer, direkte Teamkollegen) davon überzeugen können, dass wir alle auf einer **R***eise* – einem **A***benteuer* – sind, bei dem es sich lohnt, dabei zu sein.

Webster's definiert »Abenteuer« als »ein verwegenes Unternehmen; ein ungewöhnliches, faszinierendes, häufig romantisches Erlebnis«. Ich liebe das! »Häufig romantisch«: Wann – genau – haben Sie Ihr Projekt/Ihren Job als ...

r-o-m-a-n-t-i-s-c-h

empfunden?

Das kann/sollte/wird dann so sein, … wenn Sie die in diesem Buch aufgeführten Schritte berücksichtigen/befolgen. (Davon gehen wir aus.) Eben darum geht es. Ihr Projekt/Leben … verwegen, … faszinierend, … **romantisch**, … zu einem **A**benteuer zu machen.

DAS PROJEKT ALS GESCHICHTE

Ein WOW!-Projekt ist eine sich entwickelnde Geschichte, … eine Story, … ein Abenteuerroman. In unseren ausgewählten Literaturangaben (am Ende des Buches) werden Sie keine traditionellen Bücher zum Thema finden. Stattdessen werden Sie großartige Abenteuerstorys entdecken: Die Entwicklung des Radars im Zweiten Weltkrieg. Die Konstruktion der Boeing 747. Die Erfindung eines bahnbrechenden Computers durch Data General.

Dies sind … lohnende Projekte, … Arbeit, die etwas bewirkt. Als Projektleiter erzeugen Sie eine Geschichte, eine Story, einen Abenteuerroman. Wenn Sie den Prozess/die Reise unter diesem Blickwinkel betrachten, werden Sie mit Ihrer Crew sehr viel mehr Spaß haben, und ich möchte wetten, dass sich die Wahrscheinlichkeit eines WOW!-Ergebnisses drastisch erhöhen wird!

* * *

WELCHE VERSCHWENDUNG: EIN LEBEN, DAS KEIN ABENTEUER IST. ODER WENIGSTENS DER VERSUCH EINES ABENTEUERS.

T.D.L./Abenteuer! Piraterie!

1. Also … ist es (unser angehendes WOW!-Projekt) ein wirkliches **A**benteuer? Warum? – Warum sollte ich mitmachen und mich zum Fenster hinauslehnen, nur um mir (viel) Ärger einzuhandeln? Weshalb genau ist es das Risiko wert? Was macht es verwegen, ungewöhnlich, faszinierend, ... r-o-m-a-n-t-i-s-c-h?

2. Verwenden Sie diese Begriffe: Wagnis, ... Piraterie, ... Hochseeabenteuer, ... romantisch. Noch einmal: Wörter sind wichtig. (Sehr.) Und: *Leidenschaftliche* Wörter erzeugen *leidenschaftliche* Projekte und *begeisterte* Mitverschwörer/Förderer/Anwender.

3. Beginnen Sie ... jetzt ... ein *Logbuch der Reise nach [der Name Ihres WOW!-Projekts]*. Übernehmen Sie alle Aspekte der Abenteueridee. (Als Inspiration lesen Sie vielleicht gemeinsam mit Ihrem Team die Bücher über die Arktis-/Antarktisforscher Peary, Scott, Shackleton und Amundsen.)

14.

Ein WOW!-Projekt profitiert immens von einer eigenen Atmosphäre – und einem Freiraum/einer Zufluchtsstätte mit Privatsphäre.

Dieser »Ort« kann der Ecktisch in der Kneipe sein, in der sich Ihr Team dienstagabends trifft ... oder ein unbenutztes Bürokabuff, in dem sich Ihre Crew immer häufiger aufhält und das es sich als »Höhle« einrichtet. Mit der Zeit sollte dieser »Treffpunkt« zu einem pulsierenden Nervenzentrum/einer Kommandostelle werden, ähnlich dem »Kartenraum« im Weißen Haus.

Der Kern

Ein merkwürdiger Eintrag auf dieser Liste, oder? Ich denke nicht. **WOW!-Projekte haben entschieden mit Charakter, ... Ausgeglichenheit, ... Gelassenheit ... Erscheinungsbild zu tun. Also braucht Ihre WOW!-Piratenclique ... eine Piratenhöhle.**

Die Geschichte ist hier auf meiner Seite: Die meisten Verschwörungen – und was ist ein WOW!-Projekt anderes als eine Verschwörung? – wurden an Ecktischen in Stammkneipen, in ungenutzten Lagerräumen oder Dachstuben ausgeheckt. Orte, an denen sich eine Gruppe passionierter Außenseiter gehen lassen konnte, das heißt ... Ideen debattieren, ... Träume spinnen, ... Pläne machen, ... entwerfen, revidieren, analysieren ... und ihren Glauben stärken konnte. Ihre ruhelosen Abenteurer/Piraten brauchen also eine Art »Rückzugspunkt«. Später wird aus diesem »Raum«/»Atelier«/»Zufluchtsort« ein etwas formelleres – gleichwohl verrücktes – Entwicklungszentrum, von dem geheimnisvolle, coole Dinge ausgehen.

Ein weiterer »Standortvorteil«: Sie erzeugen damit Aufsehen und Neugier! Die Leute beginnen zu fragen: »Was hat diese Gruppe fröhlicher Männer und Frauen vor? Die Energie und Spannung, die aus diesem schmuddeligen Raum dringt, ist mit Händen zu greifen, unglaublich!« Sobald Neugier und Erwartung aufgebaut sind, wollen die Kollegen einsteigen, und Ihr WOW!-Projekt ist – wie jeder dieser »Orte« – auf einmal rot auf der Landkarte markiert.

т.d.l./Die Wirkung des »Standortvorteils«!

1. Organisieren Sie einen kleinen – vorzugsweise unansehnlichen – Raum, um ihn in einen Team-/Verschwörertreffpunkt zu verwandeln. Richten Sie ihn komfortabel (*niemals* förmlich) ein. Pflastern Sie die Wände mit Entwürfen Ihrer Leitsätze, groben Zeitplänen, Postern Ihrer Vorbilder, Schnappschüssen von Etappensiegen, Feiern, Partys, etc.

2. Okay, dies ist Analytikergeschwätz, aber arbeiten Sie bewusst an ... der *Atmosphäre*. Gestalten Sie »den Raum«/das Atelier ein bisschen mysteriös und sogar exzentrisch. WOW!-Projekte profitieren vom Aufsehen. Also ... arbeiten Sie ... fleißig ... an der Erzeugung von Aufsehen/Trubel.

15.

Das ist es, was der Sportpsychologe uns rät. Warum beziehen Sie das nicht ebenso auf Ihr gegenwärtiges Projekt? Tragen Sie das Ergebnis Ihres aktuellen Projekts in Ihren Lebenslauf für das kommende Jahr ein.

Erzeugt das Musik in Ihren Ohren? Wenn nicht, ... dann ist mehr Umgestaltung gefragt.

Der Kern

WOW!-Projekt = WOW!-Bilder. Von Beginn an. V-e-r-a-n-s-c-h-a-u-l-i-c-h-e-n Sie! V-i-s-u-a-l-i-s-i-e-r-e-n Sie! Malen Sie in Ihrem Kopf das Bild vom vollendeten Projekt! Nicht zuletzt: Malen/Visualisieren = Mehr Ermunterung zu Designbewusstsein. Richtig? (Siehe Kapitel 7 und 8.)

T.D.L./Bilder, die die Seele rühren!

1. LASSEN SIE JEDEN IHRER VERTRAUTEN PROJEKT-MITVERSCHWÖRER DIE VOLLENDETE VERSION IHRES WOW!-PROJEKTS FÜR SEINEN SPÄTEREN LEBENSLAUF BESCHREIBEN. ... JETZT SOFORT. VERGLEICHEN SIE DIE AUFZEICHNUNGEN. (TAUSCHEN SIE TRÄUME AUS!) WENN SIE VON DEN ERGEBNISSEN NICHT »BEGEISTERT« SIND, ... DANN GESTALTEN SIE DAS PROJEKT NEU. (EGAL, WIE WEIT ES BEREITS GEDIEHEN IST.)

16.

Kreatives entsteht in kreativen Teams, die darauf aus sind, eine kreative, bunt zusammengewürfelte Mischung von Kunden zu bedienen. RICHTIG?

Gehen Sie in *irgendeiner* amerikanischen Großstadt spazieren. Was vermuten Sie? Sie werden Menschen jeder Hautfarbe und verschiedener ethnischer Herkunft sehen mit unterschiedlichen Erfahrungen, Eigenschaften und Erscheinungsbildern.

Hurra! Wir treten in das globale Jahrhundert ein, und wir sind die globale Nation – noch immer –, ein Mekka der Möglichkeiten, ein bunter Kessel der Unerschöpflichkeit! Des Pioniergeists! Der Faszination!

Vielfalt = Perspektivenreichtum = Effektivität = WOW!-Wahrscheinlichkeit!

Also: HAT Ihre eingeschworene Piratenclique eine bunte Mischung von Erfahrungen aufzuweisen? Und: Haben Sie von Beginn an das ganze Spektrum möglicher Anwender im Visier?

Der Kern

Dies ist unbestreitbar eine Selbstverständlichkeit (oder sollte es sein): Ihr Projekt ist so cool wie die daran Beteiligten! Beschränken Sie sich auf männliche Weiße mittleren Alters, und Sie sind von v-o-r-n-h-e-r-e-i-n zu einem Leben ohne WOW! **v-e-r-d-a-m-m-t.**

Ich *bin* ein Fan von Vielfalt. (Das hat nichts mit Political Correctness zu tun. Sie ist eine scheinheilige, selbstgerechte Tritt-niemandem-auf-die-Füße-Haltung. WOW! ... und die Vielfalt, die *nötig* ist, um WOW! zu erreichen, ... erfordert ein unbescheidenes, aufmüpfiges, konfrontatives, c-o-o-l-e-s Verhalten.)

* * *

WOW! = Vielfalt = aufregender Mix = cool = F-R-E-A-K-S. Punkt.

Eines kann ich klipp und klar feststellen: Die besten (WOW!-trächtigsten) Projekte, bei denen ich dabei/beteiligt/in Reichweite gewesen bin, haben von einer stolzen Mischung unterschiedlicher bis unmöglicher Leute profitiert, die eine außerordentliche »Vielfalt« an Sichtweisen/Erfahrungen/Lebensstilen/Talenten mitgebracht haben.

Lassen Sie es sich gesagt sein: Jung ist nicht dasselbe wie alt. Frauen sind nicht wie Männer. Afroamerikaner sind nicht dieselben wie Kaukasier, die wiederum nicht dasselbe sind wie asiatische Amerikaner. Homo ist nicht dieselben wie hetero etc. Sie werden mit einem homogenen Team – ob Sie wollen oder nicht – kein WOW!-Projekt machen. Punkt.

T.D.L./Der Regenbogeneffekt!

1. Also ... **IST IHR TEAM EIN REGENBOGEN**? (Sprechen Sie darüber mit Teamkollegen. Sofort.)

2. Was können Sie tun, um aus Ihrem WOW!-Projektteam einen Regenbogen (Hautfarbe/Alter/Bildung/Geschlecht/Rasse etc.) zu machen?

3. Sprechen Sie mit drei interessierten, engen Partnern: Lassen Sie sich Empfehlungen für die personelle Erweiterung Ihres sich entwickelnden WOW!-Projektteams im Sinn eines Regenbogens geben. **Je eher, desto besser.**

4. Übertragen Sie die Regenbogenidee auf ... Kunden, Zulieferer, Ratgeber, ... das heißt auf jeden, der an dem Projekt beteiligt ist.

* * *

MIT EINEM HOMOGENEN PROJEKTTEAM BLEIBT WOW!-QUALITÄT UNERREICHBAR!

17.

PERT-Diagramme etc. – sind schön. Aber die wirkliche »Planungslösung« für ein WOW!-Projekt ist ein echter »Unternehmens-Geschäftsplan«. *Ein Projekt – jedes WOW!-Projekt – ist ein Klein-/Mikrobetrieb*. Also sollte sich der Projektplan/-vorschlag wie der Plan eines Kleinbetriebs lesen/ausnehmen.

D e r   K e r n

Ein cooles/fetziges/WOW!-Projekt ist … in vieler (und entscheidender) Hinsicht … ein eigenständiger »Betrieb«. **Das WOW!-Projekt ist der Urtyp des Start-up-Unternehmens.** Der »Plan« dazu sollte deshalb – definitionsgemäß – ein waschechter Geschäftsplan sein.

T.D.L./Geschäftsplan

1. Plan? *Natürlich!* **Aber hat Ihr WOW!-Projektplan den Pragmatismus, den Schwung, die strengen Fristen und Zielvorgaben des formellen Geschäftsplans eines ehrgeizigen Start-up-Unternehmens?**

2. Sammeln Sie ein Dutzend erstklassiger Geschäftspläne von Risikokapitalgebern, Freunden etc. Vergleichen Sie Ihren Projektplan mit diesen Plänen. Kann er mithalten? Wenn nicht, … gruppieren Sie um, überdenken Sie, *gestalten Sie neu*. *(Stellen Sie sich vor, Sie gehen für eine erste Finanzierung zu einem Risikokapitalgeber: Wird er sich von Ihrem WOW!-Projektplan dazu verleiten lassen, von seinem Geld Abschied zu nehmen?)*

18.

Wenn Sie von »sechs Monaten« ausgehen, können Sie sicher sein: Es dauert mehr als sechs Monate. Denken Sie »fünf Tage«, ... und ich wette, Sie bekommen etwas Präsentables in fünf Tagen zustande. (Oder in drei!) Laut Gruppenarbeits-Guru Warren Bennis sind WOW!-Projekte: »Träume unter Termindruck«.

Der Kern

Tun Sie es JETZT. Ich/wir werden viel mehr darüber zu sagen haben. (Siehe die Kapitel zum Thema Implementierung.) Die Hauptidee bereits kurz an dieser Stelle: Die Verwirklichung großer »Träume« duldet keinen Aufschub/keine Zeitverschwendung. Im Gegenteil, die eindrucksvollsten »Träumer«, denen ich begegnet bin, waren auch die besten Pragmatiker: Sie sind entschlossen, *realistische* Probeläufe durchzuführen und *reale* Kunden aufzutreiben ... *je eher, desto besser*. Sie machen Ihr Glück im WOW!-Projekt-Business nicht, indem Sie unendliche Geschichten erfinden, sondern indem Sie etwas Cooles *umsetzen ... jetzt sofort*.

Dieser Drang nach Bewegung ist das Ein und Alles in Politik/Projekten/Leben/beinahe überall. Es ist dieser Antrieb, dieser Energieschub, der einen Sog der Unvermeidbarkeit um das WOW!-Projekt erzeugt. Wenn Sie diesen Impuls verlieren, sind Sie wie ein Ballon ohne Luft ... träge und schlapp ... und in keiner Weise mitreißend. Erhalten Sie ihn ... und Ihre Chancen stehen entschieden besser.

Der Bewegungsimpuls ist eine sensible Kraft. **Sein ärgster Feind: A-u-f-s-c-h-u-b.** Sein bester Freund: eine Deadline (Denken Sie an den Wahltag.) Folgerung Nr. 1 (und es gibt keine Nr. 2): An die Arbeit! SOFORT!

T.D.L./Es leben die Termine!

1. Sie »lieben« es (das Projekt). Es ist »cool«. GROSS-ARTIG! Und nun: Führen Sie in den nächsten ... *72 Stunden* einen *realen* Probelauf für ein Teilprojekt durch.

MOTTO: SETZEN SIE ES IN DIE REALITÄT UM ... JETZT.

(»Aber sind 72 Stunden nicht unrealistisch?«, fragte eine Kollegin. »Keineswegs«, antwortete ich. »Die wahren Profis ›schneller Prototypen‹ sagen mir ... ›Nein. Nein. Nein.‹« Das heißt: Sie können einen »kleinen« Probelauf in so kurzer Zeit m-a-c-h-e-n, ... **wenn** Sie entschlossen sind.)

2. Reden (und leben) Sie stets in den Dimensionen: *real ... jetzt ... Test ... Termin.* Lassen Sie das geliebte »es« (WOW!-Projekt) niemals zu einem Trugbild werden.

3. Setzen Sie sich konkrete Termine ... heute! (Der erste sollte innerhalb der **nächsten f-ü-n-f Tage** liegen.) (Kein Scherz.)

4. Machen Sie Termine verbindlich. Sichtbar. Öffentlich. Im Teamraum. Als kleines Plakat. Die Teammitglieder sollten sich nicht bewegen können, ohne über ... **T-e-r-m-i-n-e** ... zu stolpern.

19.

**SUCHEN SIE SICH EINEN WEISEN FREUND.
WER EIN WOW!-PROJEKT LEITET, BRAUCHT
EINEN EXZELLENTEN BERATER.**

Sie brauchen **jemanden** zum Reden/um sich
Luft zu machen. Suchen Sie sich – wenn möglich – eine gelehrte, sympathische und erfahre-
ne Person.

Benutzen Sie ihn (sie) gelegentlich als Resonanzbo-
den/Wegbereiter. Hinweis: Dies ist erstaunlich wichtig!

Der Kern

Projekte *sind* ein Mannschaftssport. Aber WOW!-Pro-
jekte können – ironischerweise – einsam machen. Warum?
Weil das WOW!-Projekt darauf abzielt, mehr als ein paar
Regeln umzuwerfen. Folglich werden die Vertreter des
Establishments (giftige) Pfeile in Ihre Richtung schießen.
(Das ist besonders ärgerlich, ... wo doch Ihre treuen Anhänger »wissen«, dass dies das großartigste und recht-
schaffenste Projekt aller Zeiten ist.) Die Antwort auf dieses Problem: ein Freund. Das kann selbstverständlich der
Ehepartner sein. Aber ich rate auch zu einem »weisen«
Ratgeber ... oder Mentor ... aus Ihrem Arbeitsumfeld. Er
kann Ihren Ärger auffangen, ... Sie nach Rückschlägen
aufbauen ... und klugen Rat geben, wie Sie ein verzwick-
tes kleines (großes?) Problem lösen können. (Wie beispielsweise dieser vor kurzem ausgezeichnete MBA-Ana-
lyst, der es offenbar darauf abgesehen hat, Ihnen das Leben schwer zu machen und noch das letzte Quäntchen
WOW! aus Ihrem Projekt zu tilgen.) Wenn irgend möglich,
sollten Sie mit Ihrem Mentor ein wöchentliches Telefon-
gespräch, ... ein zweiwöchiges oder monatliches Mittag-

essen ... vereinbaren, selbst wenn vordergründig alles glatt läuft. Freud revolutionierte die zwischenmenschlichen Beziehungen mit seiner Passion für die »Gesprächstherapie«. Sehen Sie in solchen Maßnahmen also die »präventive Gesprächsmedizin« für Ihr WOW!-Projekt.

T.D.L./Weiser Ratgeber-Analytiker

1. Nehmen Sie diesen Punkt ernst! *Sie schaffen es nicht allein!* (Vertrauen Sie mir. **Bitte**.) Arrangieren Sie ein Mittagessen – in der nächsten Woche – mit, sagen wir, einer ehemaligen Chefin, um über Ihr Projekt und darüber zu sprechen, wie sie Ihnen beistehen kann, die bevorstehenden Gefahren zu meistern. Bleiben Sie weiter aktiv, bis Sie eine solche Beraterin gewissermaßen »unter Vertrag« haben. (Wenn niemand in Reichweite ist, weiten Sie die Suche aus. Aber ... tun Sie es!) (Und knausern Sie nicht mit Zeichen Ihrer Dankbarkeit.)

2. Bitten Sie Ihre Ratgeberin vor allem, kein Blatt vor den Mund zu nehmen: **Sie zu warnen, wenn Sie die Realität aus den Augen verlieren, ...** Ihnen klar zurückzumelden, wenn Sie Mist bauen, ... Sie zu stoppen, wenn Sie mit Tempo 150 in eine Sackgasse rasen – direkt auf eine karrierebeendende Wand zu.

3. Betrachten Sie die regelmäßigen Telefongespräche/Mittagessen/abendlichen Rücksprachen mit Ihrer Beraterin als einen Ritus. **Beteiligen Sie sie am Projektgeschehen ...** selbst, wenn sie keine offizielle Zuständigkeit hat.

20.

Laden Sie einen potenziellen Mitverschwörer zum Mittagessen ein ... einmal die Woche.

Der »Verkauf« beginnt vom ersten Tag an: Also fangen Sie an, ein Netzwerk von Sympathisanten/ Fans zu bilden ... jetzt.

Der Kern

Gewiss, wir reden in diesem ersten von vier Abschnitten vom »Kreieren« und »Gestalten« eines Projekts. Und gewiss sind *Ihr* Engagement und *Ihr* Gefühl maßgeblich. Dennoch ist ... **JETZT** ... der Augenblick gekommen, das Solodasein zu beenden.

Der weise Ratgeber (siehe Kapitel 19) ist Ihr Resonanzboden. Aber WOW!-Projekte sind meistens eine Angelegenheit des *Verkaufens* (mehr dazu siehe unten). Dazu brauchen Sie – unbedingt und von Anfang an! – enthusiastische Verbündete. Irgendwann sollten Sie ein reiches Netzwerk von Unterstützern aufbauen. Aber allein das Bemühen um die ersten paar Verbündete wird Ihnen helfen, Ihre Verkaufskünste hinsichtlich Ihres WOW!-Projekts zu formen und zu trainieren. So werden Sie ein sprachgewandter und passionierter Anwalt Ihrer Sache.

Tatsache ist, dass im Allgemeinen *alle* (frühen) Verbündeten gleichrangig sind. Sie brauchen Anhänger. Punkt. Nicht einen »berühmten« Fürsprecher, ... sondern überhaupt einen Anhänger. Irgendeinen.

111

IN WAHRHEIT SPRICHT ETWAS (GROSSARTIGES) FÜR EINEN RELATIV MACHTLOSEN VERBÜNDETEN ZU BEGINN DES PROJEKTS: ER/SIE ENGAGIERT SICH AUSSCHLIESSLICH WEGEN SEINER/IHRER LEIDENSCHAFT FÜR DIE SACHE.

Die »Aura der Leidenschaft« – und die Fähigkeit, auch nur *einen* passionierten Anhänger zu rekrutieren – ist das, was am Anfang zählt.

Also hören Sie auf, gegen Wände anzurennen … und zu versuchen, ein »großes Tier« zu gewinnen. Bemühen Sie sich, Leute anzuziehen, die ein echtes Interesse haben. Suchen Sie witzige, engagierte, muntere, verrückte Typen und machen Sie sie zu assoziierten Mitgliedern Ihrer Ein-(Zwei-? Drei-?)Mann/Frau-Clique. **Je eher, desto besser.**

W.D.T.K./**Treue** Mitverschwörer haben Vorrang!

1. Wählen Sie zwei Freunde aus, um mit ihnen über das Projekt zu sprechen … in den nächsten Wochen. Setzen Sie mit jedem von ihnen ein Frühstück/Mittagessen an. Erklären Sie ihnen Ihre Absichten. Lassen Sie sie einen Einblick gewinnen. Sehen Sie zu, dass sie versuchsweise einsteigen. Ziel: Ein weiteres Treffen! (Nicht mehr, … nicht weniger.)

2. Machen Sie sich mit besagtem ersten Anhänger Gedanken über eine Liste von Zielpersonen, … Leuten, zumeist *ohne* besondere Verantwortung/Positionen, die möglicherweise Interesse hätten. Entwerfen Sie einen konkreten Zeitplan, um, sagen wir, fünf bis zehn Leute zu kontaktieren.

3. Legen Sie eine regelrechte Kontaktliste an, mittels derer Sie – wie es entschlossene Verkäufer tun – (und das sind Sie doch, … richtig?) – den Leuten auf der Spur bleiben, die Sie in *irgendeiner* Weise in Ihr Projekt einbeziehen wollen. Aktualisieren Sie diese Liste unter allen Umständen regelmäßig! Halten Sie sie stets griffbereit! *Seien Sie darin obsessiv!*

4. Lassen Sie niemals – auf gar keinen Fall! – eine Gelegenheit ungenutzt, einen potenziellen Piraten/Mitverschwörer auf dem Laufenden zu halten. Ihr Geschäft ist die Kommunikation. Punkt. (Fragen Sie zum Beispiel Peter Ueberroth – den Leiter der Olympischen Spiele von 1984 in Los Angeles – oder irgendeinen anderen Projektfanatiker.)

IHR MOTTO: ICH LEBE, UM ZU KOMMUNIZIEREN!

20a.

REKRUTIEREN SIE KUNDEN. DENKEN SIE VON ANFANG AN … ANWENDERORIENTIERT.

Die Meinung und der Rat von »Kunden«/*eines* Kunden/eines *originellen* Kunden ist wichtig/unerlässlich … von Anfang an!

Der Kern

Wieder: Wir sind »lediglich« dabei, das Projekt zu formulieren. Aber … es ist niemals zu früh, um den ersten »realen« Anwender zu rekrutieren.

Nein! Nein! Nein! Meine Ausdrucksweise ist f-a-l-s-c-h. Vergessen Sie: »niemals zu früh«. Stattdessen: **Es ist bald zu spät für den ersten realen Anwender/Mitverschwörer!** Nicht »irgendein« Anwender. Sondern ein Anwender-*Abenteurer*. Das heißt, ein wahrer Enthusiast. Bedienen, erfreuen, *begeistern* Sie diesen Anwender-Abenteurer, und Sie werden wissen, dass Sie auf der richtigen Fährte sind. Und ... los geht's mit dem Wettlauf um begeisterte Fans.

Der Vorteil/Nutzen: (1) sofortige Glaubwürdigkeit – ein »realer« Kunde/Mensch/Anwender glaubt »an Ihre Sache«; (2) ein praktischer Proband/Mensch/Außenseiter, um das »es« zu testen, von dem Sie schon überzeugt sind; (3) der Anfang einer echten, umfassenden Gemeinschaft leidenschaftlicher Anhänger. *(PS: Dies trifft ganz g-e-n-a-u-s-o auf die Neugestaltung eines internen Geschäftsformulars wie auf die neue Version eines 50 000-Dollar-Autos zu.) (Bonus: Ein Zulieferer/Mitverschwörer ist zugleich eine fabelhafte frühe Ergänzung Ihres Teams.)*

Solche Leute helfen Ihnen beim Verkaufen, ... stärken Ihre Glaubwürdigkeit ... *und* machen das verdammte Projekt besser *und* realer *und* WOW!-trächtiger.

T.D.L./Anwender-Partner Nr. 1

1. »Für« wen *ist* Ihr Projekt? Rekrutieren Sie drei oder vier urtypische erste/mutige/wegbereitende Anwender. Rufen Sie sie an! Laden Sie sie zum Essen ein! Legen Sie ihnen Ihren Traum dar! Versuchen Sie sie einzuspannen ... **für eine Aufgabe ...** egal, wie unbedeutend (zum Beispiel ein Treffen weiterer potenzieller Anwender – drei Leute – auszurichten).

2. Machen Sie jetzt aus *real* »real«. Gewinnen Sie den Anwender für einen Test des ersten partiellen Prototyps. Und obwohl Sie bisher wenig Konkretes vorzuzeigen haben, setzen Sie dafür einen Termin an ... JETZT. (Es ist *nie* zu früh, um auf »real« zu schalten, ... solange der Anwender ein Sympathisant ist.)

3. Verleihen Sie dem Anwender/Mitverschwörer »offizielle« Zuständigkeiten für das Finden/Anwerben weiterer Anwender-Pioniere. Beteiligen Sie ihn frühzeitig am Nutzen des Projekts.

4. Richten Sie ein formelles Anwendergremium ein (zum Beispiel den »Club der begeisterten Fans«) ... JETZT. (Wieder: Es ist niemals zu früh – aber es ist bald zu spät!)

21.

Und: Befestigen Sie einen großen Bogen Packpapier an einer Wand, auf dem Sie mit den Worten »WOW!/ Schön!/Revolutionär!/Effektiv!/Begeisterte Fans!« die Ergebnisse Ihres gegenwärtigen Projekts beschreiben. (Oder etwas in der Art.)

Der Kern

Dies ist vielleicht »die« große Idee dieses Buches. (Und Ihres Lebens!?)

(*Große Worte.*) Wir raten Ihnen – *bitten* Sie! – Ihr Projekt **explizit/q-u-a-n-t-i-t-a-t-i-v** an unseren FÜNF GROSSEN KRITERIEN: WOW!/Schön!/Revolutionär!/Effektiv!/Begeisterte Fans! zu m-e-s-s-e-n. Die Behauptung:

(1) Wenn Sie sich nicht explizit zu solchen Maßstäben *bekennen*, ... können Sie weder WOW!-Qualität (noch eines der vier anderen Kriterien) *erreichen*.

(2) B-e-w-e-r-t-u-n-g: **Wir alle wissen, was diese Wörter/Begriffe bedeuten.** Deshalb sind sie eine universelle Sprache, mit deren Hilfe Ihr Team seinen Status bestimmen und bewerten kann: »Dies ist eine ›Sieben‹ auf der Skala ›Schöne Projekte‹. Wir bewegen uns in die richtige Richtung.« Oder: »Dies ist eine ›Drei‹ im Hinblick auf ausgewählte begeisterte Fans. Es ist Zeit, dieses Projekt umzugestalten, wir sind vom Weg abgekommen.« (PS: Unsere Untersuchungen zeigen, dass sich die einzelnen Teammitglieder in der Bewertung nach diesen fünf Dimensionen weitgehend einig sind, sobald sie sich daran gewöhnt haben, in diesen Kategorien zu denken.)

(3) Ihr Team sollte (muss!) diese Ideen/Kriterien ständig vor Augen haben. Daher die Karteikarten ... und das Packpapier an der Wand des Team-Treffpunkts.

Wie eine meiner Freundinnen über ihr Lieblingsprojekt sagte: »*Ich will, dass dieses Projekt so cool ist, so sehr allen Konventionen trotzt, dass es mich zum Lachen bringt. Daran denke ich ein halbes Dutzend Mal am Tag.*«

Amen! (Soll ich die obigen Kriterien um eine **H**eiterkeits-**S**kala erweitern?) (Ich bin in Versuchung.)

* * *

Letztlich bedeutet dies, »das WOW!-Leben zu leben«.

MEIN EIGENES MOTTO: **DAS LEBEN IST ZU KURZ FÜR PROJEKTE, DIE NICHT WOW! SIND!**

* * *

Ich behaupte nicht, dass »meine« fünf Kriterien/Begriffe besser sind als andere. Es sind nur zufällig diejenigen, die bei mir funktionieren, ... und ich habe inzwischen erlebt, dass sie auch bei unzähligen anderen funktionieren. Wenn nicht die, dann i-r-g-e-n-d-e-t-w-a-s anderes. Der Chef von Nintendo sagte zu einem seiner Spieleentwickler: **»Machen Sie etwas Umwerfendes.«** (»Umwerfend« ist ein umwerfendes Wort!) David Ogilvy, die Nr. 1 unter den Werbeleuten, trug einem Kollegen auf, eine **»unsterbliche«** Anzeige für Kinderkleidung aus Viyella, einer Mischung aus britischer Baumwolle und Wolle, zu entwerfen. (»Unsterblich« ist ein anderes fantastisches – anspruchsvolles! – Wort.) Apropos unsterblich:

Der unsterbliche Impresario Sergei Diaghilev sagte zu einem seiner Tänzer: **»Lass mich staunen.«** (Dreimal Hoch auf »staunen lassen« als Projektkriterium!) Die Zeitschrift *Wallpaper* schlug ein Lebensmittelgeschäft für einen großen Designpreis vor: **»Dieser neue Laden schwingt.«** (»Dieses Projekt schwingt« hat meine entschiedene Zustimmung!) Wählen Sie also Ihre eigenen unkonventionellen/anspornenden/anspruchsvollen/coolen/schwingenden Kriterien. Okay?

T.D.L./Messen Sie sich an den großen Fünf!

1. Besprechen Sie die fünf »großen« Kriterien/Begriffe: WOW!/Schön!/Revolutionär!/Begeisterte Fans!/Effektiv! mit Ihrem Teamkollegen. Sind sie angemessen? (Wenn nicht, ... wählen Sie Ihre eigenen GROSSEN FÜNF, ... aber sorgen Sie dafür, dass *jedes* Kriterium/*jeder* Begriff Ausdrucksstärke und Kühnheit signalisiert! Das heißt: Siehe oben.) Diskutieren Sie ausführlich die Liste Ihrer Begriffe und darüber, was jedes Kriterium/Wort bedeutet.

2. Messen Sie Ihr neugestaltetes Projekt an den von Ihnen definierten a-n-s-p-r-u-c-h-s-v-o-l-l-e-n Kriterien. Jetzt! (Und: Immer wieder.)

3. Entwerfen Sie die oben erwähnte Karteikarte – **Entwurf Nr. 1, jetzt sofort** – mit den erhofften WOW!/Effektiv!/etc. – Resultaten des gegenwärtigen Projekts. Investieren Sie zusammen mit Ihren Kollegen *viel* Zeit in die genaue Formulierung. (Und ... wiederholen Sie ... auch dies ... regelmäßig.)

REPRISE: KREIEREN!

Projektmanagement = 50 Kapitel. (Mit etwas Schummelei einige mehr.) Und ich habe soeben 42 Prozent meiner Kapazität (21/50) allein für die »Aufwärmphase«, ... das *Erfinden* eines WOW!-Projekts ... ausgegeben. Sieht wie Verschwendung aus, oder?

Ich denke nicht so. Ich gestehe, dass ich anfangs überrascht war, dass das »Erfinden« fast die Hälfte meines »Pulvers« erforderte. Aber dann erkannte ich, dass genau darin der Witz liegt! Dies – die Entwicklung von WOW**!** – ist das, was wir in den meisten Abhandlungen über Projektmanagement vernachlässigen. Wie viele dieser Abhandlungen haben denn überhaupt *irgendetwas* mit dem Kreieren eines Projekts zu tun? (Ganz zu schweigen von »Schönheit«.) Die Entstehung eines Projekts wird in der traditionellen Literatur zu diesem Thema als »gegebene« Komponente vorausgesetzt.

Ich sage: Ganz im Gegenteil! Die »Erfindung« des WOW!-Projekts ist die wichtigste Phase. Es ist entscheidend, WOW! in das Fundament eines Projekts einzubauen ... (schöner) Stein auf (coolem, originellem, fabelhaftem) Stein. WOW! in ein Projekt zu bringen, das mittelmäßig begonnen hat, ist verdammt viel schwieriger, als Mittelmäßigkeit aus einem fest verankerten WOW!-Projekt herauszuhalten. Ich hoffe, dass Sie – inzwischen – auf diese Idee aufgesprungen sind. Oder sie zumindest interessant finden.

* * *

Die Genesis meines letzten Buches, *Der Innovationskreis*: Wir sind in einem Meer von Gleichförmigkeit gefangen – genau im falschen Augenblick. Die Qualität ist generell hoch. Großartig! Aber Produkte und Dienstleistungen sind praktisch nicht mehr voneinander zu unterscheiden. Meine Ansicht hierzu unter anderem: »Gleichförmigkeit« von Produkten und Dienstleistungen gedeiht in Unternehmen, in denen ein Großteil der Arbeit, die meisten Projekte in »mittelmäßige Erfolge« münden.

* * *

Ich habe durchaus eine laute Stimme. Aber ich bin in Wirklichkeit ein eher zurückhaltender Mensch. Also war sogar ich überrascht – über mich selbst –, als ich mich vor kurzem in einem Seminar auf einen Stuhl springen sah (was niemals zuvor vorgekommen ist) und rief: »Wie viele von euch arbeiten im IT-Bereich?« (Viele Hände gingen in die Höhe.) »Nun«, fuhr ich fort, »in Dantes Hölle gibt es einen speziellen Platz für Computerfachleute, die im Jahr 1999 kein WOW! zustande bringen. Ihr seid die Hüter der Werkzeuge für eine unglaubliche Revolution. Wenn Sie davon auf nicht-revolutionäre Weise, nicht im Sinn von WOW! Gebrauch zu machen gedenken, ... dann missbrauchen Sie das in Sie gesetzte Vertrauen.«

Okay, das *war* ein bisschen übertrieben. Aber ich sagte es mit einem freundlichen Grinsen. Der Punkt hier:

DIES IST **DIE** STUNDE FÜR WOW!-PROJEKTE. PUNKT.

Und alles der Reihe nach: Den Anfang macht die Entwicklungsphase.

Jetzt ... weiter zum nächsten vernachlässigten Aspekt ...

II. Verkaufen!

»Verdammt wenige« lautet die Antwort. (Niemand?) Und darin liegt das Problem. WOW!-Projekte *müssen* verkauft werden ... an Teammitglieder, Vorgesetzte, experimentierfreudige Erst-Anwender und schließlich an die große Kundengemeinde. **V-e-r-k-a-u-f-e-n** zu können, macht einen entscheidenden Teil der Schlacht aus; diese Aufgabe zwingt zu Klarheit, Zielorientierung, Schwung und Zuversicht.

Nehmen Sie ein WOW!-Projekt aus dem wirklichen Leben. Für drei einsame, passionierte, sozial engagierte Aktivisten, die durchsetzen wollen, dass im städtischen Veranstaltungszentrum nachmittags ein Aufenthaltsraum für Jugendliche zur Verfügung gestellt wird, sind »Terminplanung« und all die anderen »Notwendigkeiten« des Projektmanagements der geringste Teil des Problems. Die größte Herausforderung: **andere mit ihrem Eifer anzustecken.** Und mit der Zeit die ganze Gemeinde hinter sich zu versammeln – im Hinblick auf eine Größenordnung von, sagen wir, 250 000 US-Dollar. Das ist reines Verkaufen ... genau wie bei Willy Loman ... oder Ihrem Versicherungsvertreter ... oder meiner unerreichten Heldin Mary Kay, wenn sie *Pfadfinder*-Kekse oder Kosmetik verhökert.

Nun ... **Ihr WOW!-Projekt <u>ist</u> dieser Raum für Teenager.** Können Sie Terminplanung und andere Managementgrundlagen ignorieren? Natürlich nicht! Aber ohne einen erstklassigen Verkaufsjob (*und* WOW!/Schönheit/ Effektivität zur Absicherung) ... wird Ihnen die Terminplanung wenig/nichts nützen!

* * *

Was Edison auszeichnete, war, dass er bei all seiner grenzenlosen Übertreibung ein Gefühl vermittelte, dass er Erfolg haben werde. Mochte es noch so viele Hindernisse geben, er würde seinen Weg gehen und sie alle niederreißen. Robert Conot, Biograph

An eine wirklich neue Idee glaubt anfangs nur *einer*.
John Masters, Mitgründer,
Canadian Hunter Exploration, Ltd.

Wann immer etwas ... bewältigt wurde, wurde es nach meiner Erfahrung von jemandem getan, der eine fixe Idee und eine Mission hatte. Peter Drucker

* * *

Sir Ernest Shackleton. Antarktisforscher. Nach Ansicht einiger Zeitgenossen die größte »Führungspersönlichkeit« aller Zeiten. Robert Falcon Scott. Antarktisforscher. Über alle Maßen mutig. Sir Ranulph Fiennes. Ein moderner Mensch. Erster erfolgreicher Polüberquerer. WAS FÜR EINE GRUPPE! (Und was für WOW!-Projekte!) Jemals Bücher über sie gelesen? Wenn ja, dann kennen Sie wohl ein (anderes) Detail: Nolens volens waren/wurden sie alle große Verkäufer. Sogar ein bisschen schlitzohrig. Beispielsweise stießen sowohl Scott als auch Shackleton spät zu ihren

berühmten Expeditionen dazu. Warum? Sie waren noch zu
Hause in England ... und verkauften (sammelten Geld)!

(Denken Sie darüber nach.)

22.

Verkaufen = Kürze. Und Klarheit.

Projektchampion zu potenziellem Anhänger: »Kann ich drei [*zwei! eine!*] Minute/n Ihrer Zeit haben?« Weil, ... glauben Sie mir, ... in der heutigen überbuchten Welt ist das alles, was Sie an Zeit bekommen werden.

Also ... KOMPRIMIEREN SIE ES (Ihr Projekt) ... zu einem brillanten/Weltklasse/prägnanten/WOW!-Verkaufsargument, das klar eingeordnet werden kann.

D e r K e r n

Das Spiel heißt: ... Verkaufen, ... Mensch! Ich habe viele (große) Probleme mit dem üblichen Projektmanagementansatz. Zum Beispiel: Wo sind Elemente wie WOW!/Schönheit/etc.? Aber das vielleicht größte Problem habe ich mit der Unfähigkeit, den ganzen Projektprozess von der Konzeption über die Ausführung bis zum Ausstieg als das zu betrachten, was er eigentlich ist:

Nämlich ... ein reines V-e-r-k-a-u-f-s-Spiel!

Konkret:

<u>Verkaufen</u> = Die Aufmerksamkeit von potenziellen Fürsprechern f-e-s-s-e-l-n.

<u>Verkaufen</u> = Frühe/praktische Erfolge vorweisen.

<u>Verkaufen</u> = EINE ÜBERZEUGENDE STORY HABEN.

In dem Film *Amistad* berät sich John Quincy Adams (gespielt von Anthony Hopkins) mit dem einstigen Sklaven und jetzigen Abolitionisten-Anwalt Theodore Joadson (gespielt von Morgan Freeman): »Früh in meiner Laufbahn als Jurist habe ich gelernt, dass stets der gewinnt, der die bessere Story hat. Also wie lautet Ihre Story?«

Nehmen wir Ihr Steckenpferd, ... das WOW!-Projekt-in-spe, von dem Sie hoffen, dass es Sie noch nach fünf (zehn?!) Jahren mit Stolz erfüllen wird. Und bringen wir unsere »Geschichte«/unser »Verkaufsargument« auf Vordermann. Was vor allen Dingen bedeutet, sie/es zu komprimieren. **Und anschließend weiter zu komprimieren.** Wohlgemerkt, auch wenn die Tür vielleicht gerade offen steht, kann sie jede Sekunde zugeschlagen werden. Die Menschen sind mit ihrem eigenen Leben beschäftigt, und wenn Sie nicht ... *RASCH* ... die Gelegenheit ergreifen, sind Sie erledigt. (Für den Augenblick zumindest.)

In unseren Seminaren zu WOW!-Projekten ist das »Optimieren des Verkaufsarguments« unsere häufigste Übung ... und gleichzeitig die, von der die Teilnehmer/Kunden sagen, sie sei die *wertvollste*.

Das Verkaufsargument optimieren: Um 7.25 Uhr betreten Sie den Fahrstuhl eines 60-stöckigen Hochhauses, den Sie Ihr (berufliches) Zuhause nennen. Die Leiterin Ihres Geschäftsbereichs – höchstpersönlich! – kommt nach Ihnen herein. Und ... die Türen schließen. *Für sagen wir mindestens 35 Stockwerke gehört sie Ihnen – Ihnen ganz allein.* Und Sie sind überzeugt ... von Ihrem Projekt! Also, ... Sie haben, sagen wir zwei (!!) Minuten, um es »zu verkaufen«.

Und/also:
WIE LAUTET IHRE **ÜBERZEUGENDE** STORY?

T.D.L./Das Fahrstuhl-Spiel!

1. Kreieren Sie eine einseitige (max.!) Beschreibung Ihres Projekts.

2. Komprimieren Sie diese eine Seite auf fünf »Kernaussagen«, die auf eine (genau… *eine*) Karteikarte passen.

3. Bereiten Sie das zweiminütige »Fahrstuhl-Spiel« vor – **und proben Sie es bis zum Umfallen!** Testen Sie es an einem Freund. An Ihrem Ehepartner. An einem Taxifahrer.

4. Verfeinern Sie das »Verkaufsargument« – die Karteikarte, das Spiel – ständig. Mit Grafikdesignern. Mit Sprachtrainern. Das heißt, nehmen Sie diesen Aspekt e-r-n-s-t.

* * *

WIE LAUTET IHRE STORY?

22a.

ZEIT FÜR METAPHERN! SIE BRAUCHEN EIN ÜBERZEUGENDES ERKENNUNGSMERKMAL/IMAGE.

Das »Verkaufsargument« – und alle übrigen Aspekte des Projekts – funktionieren am besten, wenn ein Erkennungsmerkmal/Image/Aufhänger dem Ganzen überzeugend Verbindlichkeit, Nachhaltigkeit und Lebendigkeit verleiht.

Das heißt: Provokative, starke, unvergessliche Metapher = Ultimative WOW!-Kommunikation. Hinweis: Dies ist viele Tage Ihrer kostbaren Zeit wert!

Der Kern

Verkaufen ist ein unangenehmes Geschäft. Verkaufen bedeutet, dass Ihnen Türen vor der Nase zugeschlagen werden. Also ... warum dieser Exkurs zum Thema Metapher (die pure Abstraktion)? Antwort: Eine überzeugende Metapher ist die zu Bild/Symbol/fünf-oder-weniger-Wörtern komprimierte – gesteigerte! – »Story«. *(So etwas wie der Ansteck-Button Ihres WOW!-Projekts!)*

Ich habe bei einer Hand voll wichtiger Projekte mitgewirkt. Und an einem bestimmten Punkt dämmerte es mir (he, ich bin kein »Werbespezialist«), dass eine ... wirklich ... prägnante Metapher/ein Bild weit mehr sagt als tausend Worte.

Sobald ich dies herausgefunden hatte, wurde ich zum besessenen Fanatiker auf diesem Gebiet. Inzwischen *verlange* ich (soweit ich das kann) von jedem Projektteam, mit dem ich arbeite, dass es viel Zeit für »die Metapher« aufwendet.

Sind wir das Äquivalent von »Just do it«? Oder »We try harder«? Oder ... eine Piratenclique? Oder ... zwei schicksalhaft verbundene Liebende auf dem Bug eines gewaltigen Schiffes? (*Titanic* war ein echtes WOW!-Projekt!) Oder ... Renegaten im Aufbruch? Oder ... oder ...??

Vielleicht finden Sie nicht das »perfekte Bild« – selbst den großen Werbeagenturen gelingt dies keineswegs immer. Aber allein das Suchen nach Bild/Image/Metapher ist ein bedeutender Schritt vorwärts. Es konzentriert den Geist. Es schärft den Fokus. Es regt die Vorstellungskraft an und bringt Lebendigkeit in das Routinedenken Ihres Teams.

Also ... vertrauen Sie mir und versuchen Sie es wenigstens!

T.D.L./Die Kraft der Metapher/des Bildes!

1. Versuchen Sie also (zunächst für sich selbst), Ihr Projekt auf eine Metapher/ein Bild zu reduzieren. »Verlockende Rechnungen«, »Regelungen krankheitsbedingter Fehlzeiten, die sagen: ›Wir kümmern uns‹«, »Partner im Einkauf«. Was auch immer. Dies sind ziemlich lahme Beispiele. Sie *können* es besser. Richtig?) (Hinweis: Wir brauchten Monate, um auf das ! als Symbol für unsere »Anti-Dilbert-Bewegung« zu kommen. Siehe Seite 225.)

2. Arbeiten Sie an Ihrem Bewusstsein: Sammeln Sie Metaphern! Sammeln Sie im Lauf der nächsten Wochen mehrere Dutzend Anzeigen aus Zeitungen/Zeitschriften mit besonders guten Slogans oder Bildern. Schneiden Sie sie aus und heften Sie sie in einen Ordner. Wenn die Zeit gekommen ist, um gemeinsam mit Ihrem Team eine Metapher/ein Bild für Ihr Projekt zu erarbeiten, dann benutzen Sie diese Anzeigen (etc.) als Denkanstoß. Ziehen Sie möglicherweise einen Werbetexter von einer ortsansässigen Werbeagentur hinzu – gegen Honorar –, damit er Ihnen dabei hilft. (Das muss kein astronomisches Honorar für den planetenbesten Werbefachmann sein. Jede einigermaßen große Stadt hat mindestens eine Hand voll kleiner, kreativer Agenturen.)

3. Gehen Sie mit Ihrer Metapher/Ihrem Bild bei verschiedenen Leuten – in aller Offenheit! – hausieren ... in den nächsten drei Tagen. (Ein Indikator für die Kraft der Bild-/Image-/Metapher-Idee: *Jeder* hat nach meiner Er-

fahrung eine Meinung dazu, ... was bedeutet, dass jeder –
Sinn der Übung! – eine B-e-z-i-e-h-u-n-g dazu aufbaut.)

4. Setzen Sie in den nächsten zehn Tagen ein »Meta-
pher-Meeting« mit allen an, die am Projekt maßgeblich
beteiligt sind. Arbeiten Sie – wenn nötig, einen ganzen
Tag – an Image, Slogan, Bild, Metapher. **(Und an nichts
anderem.)**

5. *Bleiben Sie aktiv!* Greifen Sie alle paar Wochen das
Bild/die Metapher auf! Haben Sie keine Scheu, Ihre Metapher zu verändern oder über Bord zu werfen. Ihr Projekt
ist ein WOW!-Ereignis. Das letzte, was Sie brauchen, ist eine erstarrte Metapher. Beziehen Sie mehr (und mehr!)
(*und* mehr!) Leute in die Suche nach der perfekten Metapher ein. Denn:

Diese **ist** Ausdruck Ihrer Person!
Diese **ist** unmittelbarer Ausdruck des
Charakters Ihres Projekts.
Diese **ist** das konzentrierte, ultimative
Verkaufsargument.

23.

In Kapitel 22 geht es vor allem darum, »die großen Tiere« mit Ihrem Projekt anzusprechen. Wichtig. Aber dies ist zunächst nicht das primäre Ziel der Verkaufsphase.

Der Kern

Ihr Verkaufsgeschick – und die wirksame Erprobung des Fahrstuhlspiels – hängen von Ihrer Fähigkeit ab, frühzeitig Anhänger zu mobilisieren. Deshalb muss *das Verkaufsargument* in erster Linie auf gleichrangige Kollegen und nicht auf die oberen Chargen zugeschnitten sein. Tatsache ist, dass Sie wahrscheinlich nicht so bald bis zu Ihrer Chefin vordringen werden (und auch nicht wollen).

Einer der größten Fehler, den Projekt-Champions in der Anfangsphase machen können, ist der, zu früh »nach oben« zu blicken.

Die bessere Idee lautet, dass wir unser WOW!-Projekt nehmen und ... **versuchen, es an i-r-g-e-n-d-j-e-m-a-n-d-e-n zu verkaufen,** ... es zu testen ... und wieder zu testen, ... es jedes Mal zu verfeinern, ... bis es messerscharf ... und wasserdicht ist.

Das heißt, wir benötigen eine solide Infrastruktur und ein tragfähiges Fundament, bevor wir versuchen, uns die Terminplanung der oberen Etagen zu erschließen. Somit liegt der Schwerpunkt der Verkaufsaktivität anfangs auf Kollegen, die uns helfen können, den nächsten praktischen Schritt vorwärts zu tun, ... nicht auf den großen

Bossen. Ein anderer Vorteil: Das eine oder andere mag dann bereits von unten in die oberen Etagen gedrungen sein, … und wenn Sie sich schließlich mit Ihrem (feldgetesteten, messerscharfen, wasserdichten) Vorschlag an deren Mitglieder wenden, … ist das Fundament bereits gelegt, und sie sind eher geneigt, Ihnen zuzuhören.

(Regel Nr. 1: Kluge Projekt-Champions halten Bosse auf Distanz, bis die Zeit reif ist! Das gilt paradoxerweise besonders dann, wenn die Dinge gut laufen: Wir wollen uns nicht vorschnell vereinnahmen lassen.)

T.D.L./Verkaufen Sie anfangs an Ihresgleichen!

1. Verwandeln Sie das »Fahrstuhl-Spiel« (Kapitel 22) in ein »Korridor-Spiel« mit Kollegen … jetzt.

2. Testen Sie es. An jedermann. Und jederfrau.

3. Machen Sie einen Mitschnitt davon – Audio oder Video. Hören/sehen Sie es sich an. Was funktioniert? Was nicht? Verkaufen Sie oder werden *Sie verkauft*?

4. Also …

machen Sie sich ans Verkaufen.

24.

Besorgen Sie T-Shirts für die Teamkollegen, wenn Etappenziele erreicht sind. (»Die Nachtarbeiter-Gang« ... etc.) Oder Ansteckplaketten für eine bevorstehende Präsentation (»WOW!-Team«) ... oder ... was auch immer.

Der Kern

Ein funktionierender Vermarktungsslogan (Verkaufsargument) handelt von Unverzichtbarkeit, Unwiderstehlichkeit: »Dies ist **das** coole (WOW!) Projekt!« »Wir machen hier **total dufte Sachen**!«

Und: »Unverzichtbar« und »unwiderstehlich« sind auch die Produkte unserer harten Arbeit. Entsprechend sollten wir rund um unser stets auf WOW!-Niveau agierendes Projekt bewusst Neugier und Begeisterung wecken.

Dazu gibt es tausend Möglichkeiten. (Schauen Sie sich nur Avon oder Tupperware oder Amway an.) Da sind die T-Shirts. (Team WOW!/Team Cool!/Verkaufspiraten! etc.) *Und* die Trinkbecher. *Und* die Anstecker. *Und* die Kappen. *Und* die Stifte. Wenn nichts läuft, ... helfen auch die Anstecker nicht. Aber wenn es eine coole Sache *ist,* dann ist die Zurschaustellung Ihres couragierten Teams ein äußerst geschickter Verkaufs-/Marketing- und erst recht moralfördernder Schachzug.

T.D.L./Geplante Spannung

1. Achten Sie – bewusst – auf Spaß, Enthusiasmus, Energie, Spannung, Antriebsimpulse. Welche konkreten (internen oder externen) Aktivitäten zwecks »Marketing«/»Verkauf«/»Promotion« haben Sie ... *in den letzten* **48** *Stunden* ... unternommen?

2. Lassen Sie die Reihe der T-Shirts (Anstecker, Jacken etc.) nicht abreißen! Starten Sie mindestens einmal pro Woche eine konkrete Aktion, die das Projekt ... mitsamt seinen jüngsten Etappenerfolgen/gewonnenen Kunden/ neuen Teamkollegen ... effektvoll/»werbewirksam« ins Rampenlicht rückt.

3. Führen Sie eine Freitag-14-Uhr-E-Mail *(»Das wöchentliche WOW!«)* ein, die an jeden geht, der auch nur am Rande mit dem Projekt zu tun hat.

25.

Erzählen Sie von Ihrer Sache – überall. (WOW!-Projekt-Champions ist kein Publikum zu klein!) Stellen Sie das Projekt in einem größeren Rahmen vor. *Seien Sie flexibel*: Gehen Sie auf Anliegen und Sorgen der Allgemeinheit ein. *Aber*: STEHEN SIE ZU IHREM TRAUM. Sie müssen wissen, wann Sie vorpreschen können. Und wann ein Rückzug ratsam ist. Aber hören Sie ... NIEMALS ... auf, um Ihr Projekt eine Gemeinschaft von Anhängern zu bilden!

D e r   K e r n

Sie sind beschäftigt. Ihre Tagesordnung ist kilometerlang. Mit fünf wichtigen Aufgaben sind Sie im Zeitverzug. Ein bedeutendes Teammitglied droht mit dem Ausstieg. Das heißt: Das absolut Letzte, wofür Sie Zeit haben, ist ... ein Mittagessen mit jenem Typen, den Ihnen dieser andere Typ empfohlen hat, ... weil er möglicherweise einen Tipp bezüglich eines »Testkunden« hat.

Wenn das so ist: Gehen Sie mit diesem Typen Mittagessen!

Das heißt: *Vernachlässigen Sie niemals – und unter keinen Umständen! – die »Netzwerkbildung«.* WOW!-Projekte leben von einer wachsenden Gemeinschaft von Anhängern. Sie müssen sich dabei – stets! – von Ihrer »eifrigen« (eilfertigen!) Seite zeigen. Natürlich: ... Ihre »substanziellen«/betrieblichen Pflichten kosten die Energie einer ganzen Kompanie. Macht nichts. Schlagen Sie die Zeit für die Bildung Ihres Netzwerks irgendwie heraus. Das nennt sich Politik, ... Brücken bauen, ... Bündnisse knüpfen, … Freunde gewinnen, … Feinde ausschalten. Es nennt sich WOW!-Projekt-Erfolg!

Nachtrag: Unsichere, potenzielle Kandidaten sind fast ebenso viel wert wie überzeugte Mitstreiter. **Jedes »Publikum« – ob aus einer Person oder mehreren Leuten bestehend – bietet eine Gelegenheit, Überzeugungsarbeit zu leisten.** Ihre Geschichte jemand Neuem zu erzählen. Nein, aus dieser konkreten Verbindung wird vielleicht nichts. Aber … ein *Freund* dieses Typen hört möglicherweise von Ihrer Story, … und lässt sich begeistern … und bietet Ihnen Hilfe an … oder (viel) Geld.

T.D.L./Netzwerk-Manie!

1. Erstellen Sie eine Liste mit mindestens 25 potenziellen Anhängern/Mitstreitern. Lassen Sie diese Liste durch alle Teammitglieder ergänzen. Machen Sie sich über diese Personen kundig, sprechen Sie mit Freunden und Bekannten. Sammeln Sie über jede der 25 Personen (umfangreiche) Daten. Das heißt, BETREIBEN SIE IHRE PERSÖNLICHE »NETZWERKFORSCHUNG« … G-E-W-I-S-S-E-N-H-A-F-T! (Siehe Harvey MacKays »MacKay 66« in *Swim with the Sharks Without Being Eaten Alive*. Diese Checkliste bietet eine einzigartige Anleitung dafür, wie Sie jemanden … oder etwas … rekrutieren/als Käufer gewinnen können.)

2. Verabreden Sie ein Mittagessen – **rufen Sie jetzt an!** – mit **einem** potenziellen Kandidaten der »25er-Liste«.

Rufen Sie so lange Leute an, bis Sie mindestens drei Mittagessen in den nächsten zwei bis drei Wochen vereinbart haben!

3. Fragen Sie Ihre Freunde, welchen coolen Leuten Sie von Ihrem Projekt erzählen sollten. Fragen Sie sie, ob sie gegebenenfalls einen Anruf tätigen – ein E-Mail schicken – würden, um Sie einzuführen. Stellen Sie eine Kandidatenliste für Ihr »zukünftiges Netzwerk« zusammen.

4. Bearbeiten Sie diese Liste! **Täglich!** Unermüdlich!

26.

Es spielt keine Rolle, ob Ihre Anhänger früh auf den Zug aufgesprungen sind ... oder spät. Ein Anhänger ist ein Anhänger. Punkt. Das nennt man Pragmatismus. Oder Ergebnisse. Oder revolutionäres WOW! verkaufen.

Heißen Sie diesen Späteinsteiger mit offenen Armen (ehrlich) willkommen. Natürlich haben Ihre tapferen, frühen Mitstreiter einen Extraplatz in Ihrem Herzen. Aber, ... wenn so ein Mistkerl, ... der Ihnen nicht einmal die Uhrzeit sagen würde, ... tatsächlich an Bord gelockt werden kann, auf dass er zu Ihrem zukünftigen Triumph beitrage, ... dann nehmen Sie ihn auf! (PS: Das ist eins von Bill Clintons Geheimnissen. Impeachment? Na und. Er wird noch immer die Arme ausbreiten und mit ihnen zusammenarbeiten, denn es ist sein Vermächtnis, das auf dem Spiel steht.)

D e r   K e r n

Sie denken mit viel Zuneigung an Ihre frühen Mitstreiter. Und mit großem Ärger an die damaligen Nörgler. Und Spötter. *Klar. Ist normal.*

Aber ... jetzt ... gibt es ein bisschen Wirbel um das Projekt. Und ein früherer Verweigerer, der sich offensichtlich nicht mehr an seine Vergangenheit erinnert, meldet sich und sagt, er würde »so gern mit Ihnen über das Projekt sprechen. Können Sie nicht ein Mittagessen erübrigen?«

*Antwort: **Das können Sie verdammt gut!*** (Und Sie werden es tun!)

An Bord ist an Bord. **Punkt!** Natürlich gilt Ihre größte Zuneigung denen, die gleich zu Anfang ihren Kopf für Sie hingehalten haben. Aber in dem Maß, wie die Zeit (und das Projekt) fortschreitet, werden Sie eine größere, »normalere«/abgerundetere Anhängerschaft brauchen. **Punkt.** Also vergeben (oder vergessen) Sie und schließen Sie den Nachzügler/ehemaligen Neinsager wie der Vater den verlorenen Sohn fest in die Arme.

T.D.L./**Willkommene** Späteinsteiger!

1. Nach sechs Monaten im Projekt und mit Erfolgsstorys im Köcher halten Sie nun die andere Backe hin und ergreifen die Initiative: Rufen Sie drei oder vier der Personen an, die Sie in der Anfangszeit abblitzen ließen. Schwamm drüber. Vergeben Sie (erzählen Sie ihnen, dass »vor sechs Monaten jeder vernünftig denkende Mensch skeptisch gewesen wäre«) ... und bitten Sie sie auf ein Mittagessen ... oder um eine Unterredung. Erscheinen Sie vorbereitet: Machen Sie einen konkreten Vorschlag, wie der/die Betreffende helfen/sich in kleinem Umfang beteiligen kann. (Ködern Sie ihn ... richtig. Darin liegt der Trick.)

2. Schlagen Sie ein oder zwei dieser Skeptiker vor, Ihrem Beratergremium beizutreten. **Der vom Skeptiker zum Berater Bekehrte (das heißt Wiedergeborene) ist ein deutliches Signal für andere, dass das Establishment Ihnen Beachtung zu schenken beginnt.** Das hebt Sie zugleich aus der Bedeutungslosigkeit und weist Sie als jemanden mit Statur/Integrität/Charakter aus, der es versteht, von oben und unten und von verschiedenen Seiten Unterstützung zu bekommen.

3. Wiederholen Sie diese Übung alle paar Wochen. **BIS IN ALLE EWIGKEIT.**

27.

Seien Sie sich Ihrer Anhängerschaft nicht zu sicher. Halten Sie sie auf dem Laufenden. Bitten Sie sie zu allem und jedem um ihr Feedback. Das heißt: GEBEN SIE IHNEN DAS GEFÜHL, BETEILIGT ZU SEIN! GEBRAUCHT ZU WERDEN!

Der Kern

Es ist sooooo einfach, Anhänger für selbstverständlich zu halten. He, es sind Mitstreiter. Sie »sind dabei«.

Nein. Nein. Nein. Nein. Nein.

Verbündete beteiligt/»im Geschehen«/interessiert zu halten, ist harte, zeitintensive Arbeit ... *und* sie ist es wert. (Vorsichtig ausgedrückt.) Anhänger sind vielleicht »dabei«, aber sie wollen mit Aufmerksamkeit **ü-b-e-r-s-c-h-ü-t-t-e-t**, auf dem Laufenden gehalten und um Hilfe gebeten werden. Denken Sie daran: Niemand hat dieselbe Leidenschaft wie Sie für das Projekt, außer vielleicht die allerengste Piratenclique. Das Interesse der anderen kann erlahmen oder sich sogar aus dem Gefühl des Übergangenwerdens heraus in das Gegenteil verkehren. *Sie müssen also ... wieder und wieder und wieder ...* und *dann* wieder ... *Wege finden, Ihre natürlichen Verbündeten* von neuem *zu interessieren. Noch einmal: Denken Sie politisch. Sichern Sie Ihr Fundament!*

T.D.L./Verbündete pflegen

1. Machen Sie sich einen Plan!

DER UMGANG MIT VERBÜNDETEN IST KEIN ZUFALLS-PRODUKT, SONDERN »STRATEGISCHE BEZIEHUNGS-PFLEGE«.

Und sie erfordert einen strategischen Plan, ... der dem Wert Ihrer Anhänger angemessen sein muss, ... die ihr Gewicht wahrlich in Gold wert sind. (Oder etwas viel Kostbarerem.)

2. Wer *sind* Ihre Verbündeten? Beginnen Sie damit, darüber Buch zu führen. (Vielleicht hilft eine gute, aber einfache Datenbanksoftware. Aber ein geschicktes Zettelkastensystem – Papier! – ist unschlagbar, ... auch im neuen Jahrtausend.) Bringen Sie über jeden Ihrer Anhänger so viel wie möglich in Erfahrung. Ergänzen Sie Ihre Datenbank weiter. *R-e-g-e-l-m-ä-ß-i-g.*

3. Entwickeln Sie »Förderprogramme« – E-Mails, Faxe, Rundschreiben –, um Ihre Mitstreiter auf dem Laufenden zu halten. Erwägen Sie ein regelmäßiges »Erinnerungs-«E-Mail/Fax/Memo, das die Projekthöhepunkte der vergangenen und die Pläne für die nächste Woche zusammenfasst. Fassen Sie sich kurz, unterhalten Sie Ihre Ansprechpartner (erzählen Sie Geschichten) und *bitten Sie um Feedback*. (E-Feedback.) (Sie wollen doch nicht, dass irgendwer denkt, er oder sie sei lediglich ein Name mehr auf einem Serienbrief.)

4. Planen Sie eine Reihe von Veranstaltungen. Einige davon werden groß sein: Schnupper-Events, komplett mit Transparenten und Ballons. Einige werden klein sein: informelle Mittagessen am »runden Tisch« mit vier oder fünf wichtigen Unterstützern.

5. Entwerfen Sie ein **»Anhänger-Managementprogramm«**. Weisen Sie jedem wichtigen Kandidaten einen »Ansprechpartner« unter den Teammitgliedern zu: *Es ist* *seine/ihre (k-l-a-r-e) Verantwortung, dem Interessierten das Gefühl zu geben, zum Team zu gehören.*

6. Bemühen Sie sich, eine Atmosphäre der Exklusivität/der *wirklichen* Dazugehörigkeit zu erzeugen. Veranstalten Sie für bedeutende Mitstreiter/Unterstützer zum Beispiel spezielle Informationsveranstaltungen oder Feedback-Runden, die anderen nicht offen stehen. Geben Sie ihnen das Gefühl, Mitgestalter zu sein.

7. Setzen Sie »Strategisches Anhängermanagement« auf die Tagesordnung der wöchentlichen Lagebesprechung. Das heißt, integrieren Sie strategisches Anhängermanagement in die »Kultur«/das »Betriebssystem« des Projekts.

HINWEIS: Dies ist eines der Schlüsselprobleme, an denen viel beschäftigte Projektmanagement-Teams häufig scheitern. (Sie sind zu beschäftigt mit dem »Wesentlichen«.) Die einzige Lösung. SIE MÜSSEN ES IRGENDWIE ZUSÄTZLICH MANAGEN!

ES SIND IHRE ANHÄNGER, MENSCH! Datum 2. November 1998. *San Jose Mercury News*, Seite 1A: »Es hat durchaus einen Sinn, dass [der kalifornische Gouverneurskandidat] Gray Davis und die US-Senatorin Barbara Boxer am Sonntag in Kirchen und Zentren der Schwarzen zu finden sind. Dahin gehen Demokraten am Sonntag vor einer Wahl, um ihre loyalsten Wähler zu mobilisieren.« (PS: Beide gewannen haushoch. Noch einmal: Pflegen Sie Ihre B-a-s-i-s, sie hat es verdient … und Sie *brauchen* sie. Das heißt: Sie brauchen ihre entschlossene, sichtbare Unterstützung.)

Es sind Ihre Anhänger, Mensch!

28.

Kreisen Sie sie ein! Grenzen Sie sie aus! Vergessen Sie sie!

Der Kern

Wir haben bisher über Freunde gesprochen. Wie wir sie finden. Wie wir sie pflegen. Aber was ist mit Feinden? (Alle brauchbaren Veränderungsprogramme – das heißt WOW!-Projekte – haben welche.)

Mir hat die Managementliteratur zur »Überwindung des Widerstands gegen Veränderung« nie gefallen. Warum? Weil ich nicht glaube, dass *wirkliche* Change Agents – zum Beispiel gesellschaftlich engagierte Personen, Wirtschaftsführer, Politiker, Künstler – tatsächlich so vorgehen.

Sie versuchen nicht, »Einwände zu entkräften«. Statt dessen befolgen sie, was einer meiner Freunde (dessen erfolgreiches gesellschaftliches Engagement in Cleveland mit zur Renaissance der Stadt beigetragen hat) die Strategie des »Einkreisens und Ausgrenzens« nannte.

Wer Massenrevolten plant ... oder Streiks ... oder die Verbreitung einer bestimmten Religion, ... hält sich an eine Spielregel: *Fangen Sie bei potenziellen Mitstreitern an; wenden Sie sich dann den lauwarmen, aber empfänglichen Leuten zu; vergessen Sie Ihre Feinde, bis Sie (Ihr Projekt) »unübersehbar« geworden sind ... und über-*

schütten Sie d-a-n-n die Heiden mit Freundlichkeit und heißen Sie sie zu guter Letzt in der Runde willkommen.

Die effektivsten Veränderungsprotagonisten ignorieren Stacheln und Pfeile. Sie bauen ... und bauen ... und bauen. **Dann b-a-u-e-n sie noch weiter.** Sie investieren ihre Zeit in Verbündete und wahrscheinliche Verbündete. (Punkt.) Und wenn sie ihre Sache richtig machen, repräsentieren die Verbündeten bald den Mainstream und »der Feind« findet sich schließlich auf einer Insel wieder.

Es ist eine normale, menschliche Neigung, sich über jemanden, der sich gegen einen stellt, »aufzuregen« (oder noch weit schlimmer, »öffentlich aufzuregen«). Besonders, wenn dieser Verleumder sich öffentlich geäußert hat. Aber das ... ist eine unsinnige Zeit-, Energie- und Ressourcenverschwendung! **Die unsinnigste** Verschwendung von Zeit, Energie und Ressourcen überhaupt! Und vor allem eine Verschwendung der wichtigsten Ressource: ... unseres emotionalen Kapitals.

Und noch dazu kann die direkte Konfrontation mit Feinden unnötigerweise (1) auch die Freunde Ihres »Feindes« verprellen, die an sich nicht gegen Ihr Projekt sind; und sie kann Ihnen (2) allgemein den Ruf eines »arroganten Schnösels« einbringen, »der einen kleinen Dämpfer verdient hat«.

Sicher, Wettbewerb ist die Würze des Lebens. »Siegeswille« ist ein starker Antrieb. Und es ist traurig, aber wahr – das gilt eher für testosterongesteuerte Männer als für Frauen –, dass ein Teil unserer Motivation auch daraus resultiert, »den anderen« verlieren zu sehen! Während ich die motivierende Wirkung eines möglichen Sieges über die reaktionären Kräfte (etwa in Unternehmen) durchaus unterstreiche, behaupte ich dennoch, dass die Bekämpfung von Feinden eine unsinnige Energieverschwendung ist. Sie lesen hier die Worte eines passionierten Menschen [ich], dessen Zunge permanent blutig ist von all den Gelegenheiten, bei denen ich mir auf selbige beiße, ... nachdem ich mich entschlossen habe, einen Kampf nicht aufzunehmen oder auf eine besonders bösartige Spitze nicht zu reagieren. (Aber, he, wenn »es« vorüber ist, gehen Sie mit Ihren alten Freunden in die Kneipe ... und nieder mit den Ungläubigen!)

T.D.L./Ignorieren Sie Ihre Feinde!

1. Verwenden Sie Ihre knappe Zeit, um mehr A-n-h-ä-n-g-e-r zu sammeln, ... und versuchen Sie nicht, in Präsentationen vor eindeutigen Verweigerern mit Gewalt »zu punkten«. Sie werden sie sowieso nicht überzeugen, ... zumindest nicht in diesem Entwicklungsstadium des Projekts.

2. Arbeiten Sie mit jener erfahrenen Person/Ratgeberin zusammen. (Siehe Kapitel 19.) Verbringen Sie (viel) Zeit mit ihr. Sie kann Ihnen hierbei wahrscheinlich (sehr) helfen. Das heißt, sie kann Sie zum Beispiel davon abhalten, Ihr Projekt aus Ärger über Feinde zu einem Rachefeldzug zu machen, ... der in der Folge rasch Ihre (mühsam erworbene, gewachsene, zerbrechliche) Glaubwürdigkeit zerstört. **Rachefeldzüge sind keine schöne Erscheinung ... und schlagen auf beide Seiten zurück.** Ärger ist in der Regel eine sehr destruktive Emotion ... und eine sehr heikle Form der Motivation. WOW! funktioniert am besten, wenn es aus einem positiven Zusammenhang heraus entsteht: He, ihr macht hier großartige Sachen; deren Pech (will heißen: vergessen Sie sie), wenn sie die WOW!-Gelegenheit nicht sehen, nicht zu schätzen wissen und den Zug verpassen.

Die Antagonisten (unter den Ameisen) vergeuden wertvolle Energie!

»Die Guten haben wirklich die Nase vorn, zumindest in der Ameisenwelt«, erklärten Forscher letzte Woche.

Eine Arbeitsgruppe von der University of California-San Diego in La Jolla sagte, man habe herausgefunden, dass friedliebende Ameisen glücklicher und länger leben als ihre kriegerischen Nachbarn.

Es scheint, dass Kriegführung und Gebietsverteidigung Zeit und Ressourcen vergeuden, die besser zum Kinderkriegen und zur Nahrungssuche genutzt werden sollten, berichten David Holway und seine Kollegen in der Zeitschrift »Science«.

The San Jose Mercury News, 3. November 1998

29.

Dies ist ein Muss für große (und nicht so große) Projekte ... und eine gute Idee für praktisch alle Aktivitäten.

Ein Beratergremium verleiht Glaubwürdigkeit und *kann selbst zu einem Verkaufsteam werden.*

Ein Dreier-Gremium ist für den Anfang gut, aber irgendwann können es auch Dutzende werden, wenn Sie versuchen, ... die Welt zu erobern.

Der Kern

Dies ist ein weiterer Aspekt des Themas »Anhängerschaft«. Wohlgemerkt: Wir sprechen in diesem Abschnitt über das »Verkaufen«. Und ein/der Schlüssel zum Verkauf ist Glaubwürdigkeit/»Markenbindung«. Und: Ein erstklassiges Beratergremium kann hier ...

ungemein

hilfreich sein!

Angenommen, Sie bekommen von einer Ihnen unbekannten Gruppe einen Brief mit der Bitte um eine Spende. Sofern Sie ihn nicht automatisch wegwerfen, werden Sie wahrscheinlich als erstes – ich tue dies regelmäßig – auf die linke Hälfte des Briefkopfs schauen, ... wo stets das Direktorium/Beratergremium zu finden ist. In den meisten Fällen werden Sie, falls diese Namen vertraut klingen und interessante oder auf ihrem Gebiet führende Persönlichkeiten enthalten, zumindest weiterlesen.

Kurz: *Wir sind so gut wie diejenigen, mit denen wir gemeinsame Sache machen. Oder exakter:*

Wir werden mit der Kompetenz derjenigen **identifiziert**, die bereit sind, **offiziell** mit uns gemeinsame Sache zu machen!

Falls dies alles klingt wie ein Ratschlag für Spendensammler eines Sozialzentrums, dann trifft das den Punkt. (Natürlich.) Aber dieser Rat gilt, vielleicht in etwas weniger formeller Form, auch für diejenigen, die Unterstützung bei der Neugestaltung ihres Geschäftssystems innerhalb einer Unternehmensabteilung suchen.

Wenn wir etwas wirklich »Cooles« vorhaben – das heißt etwas, das die Konventionen über den Haufen wirft – brauchen wir die Deckung des Establishments. Die gute Nachricht: Selbst im »Establishment« gibt es ein paar (wenigstens halbherzige) Querköpfe (oder Sympathisanten derselben), die möglicherweise bereit sind, ihre Kaschmirschals neben unsere schmutzigen Baseballkappen zu hängen.

Vielleicht erwähnen Sie im Fall der Überarbeitung eines Abteilungsprozesses Ihre Berater nicht im Briefkopf. Aber versammeln Sie sie bei Gelegenheit – offiziell –, beteiligen Sie sie (eng!) am Geschehen, verwenden Sie ihre Namen vor anderen, die hören wollen, dass Sie ... *namhafte Promoter* ... haben, bevor sie sich engagieren. Selbst im Fall einer internen Prozessüberarbeitung werden Sie irgendwann von einer Formalisierung des Beratungsprozesses profitieren. Das heißt: Fragen Sie Ihre Anhänger aus dem Establishment, ob Sie sich formell auf sie als Beratergremium, Ältestenrat oder Projektmentoren oder was auch immer berufen können.

In größeren Projekten lässt sich dieser Prozess ausbauen. Das heißt, Sie fangen vielleicht mit einem kleinen, aber feinen Beratergremium an ... und erweitern es allmählich um eine »zweite Liga«, eine formelle Beraterliste mit Dutzenden ... oder sogar Hunderten von Leuten. Noch einmal: Die Berater sind Ihr Gütesiegel/Zertifikat/Genehmigungsstempel des Establishments.

T.D.L./Die Macht erstklassiger Berater!

1. Beginnen Sie ... frühzeitig, ... eine kleine Zahl erlesener Fürsprecher aus dem Establishment zu rekrutieren. Wenn die Ausbeute Ihres Adressbuchs in dieser Beziehung mager ist, fragen Sie Freunde, wer ihre Freunde sind. Typische frühe Anhänger sind vielleicht nicht unbedingt Mitglieder der Unternehmenszentrale, ... sondern vielmehr wohl bekannte »coole Leute«, die für ihren Pioniergeist bewundert werden. Versuchen Sie, diese potenziellen »Berater« in den Definitionsprozess des Projekts einzubeziehen.

Das heißt, nutzen Sie Beziehungen!

2. Institutionalisieren Sie Beratergruppe/Ratgebergremium/Projektmentoren. Fragen Sie drei oder vier Ihrer verlässlichen Gefolgsleute, ob sie informell (oder formell) als Berater-/Referenzgremium »dienen« können. Formalisieren Sie an diesem Punkt auch deren Einsatz und die Kommunikation mit ihnen: Sorgen Sie dafür, dass Mitglieder des Gremiums regelmäßig informiert (E-Mail etc.) und/oder alle zwei Monate/vierteljährlich zu persönlichen Treffen eingeladen werden.

3. Zu Beginn wird das Gremium aus eifrigen Anhängern bestehen, die Sie und Ihr Anliegen begeistert unterstützen. Erweitern Sie das Gremium mit der Zeit um sorgfältig ausgewählte Vertreter wichtiger Bereiche, zum Beispiel der Finanzabteilung, die an der endgültigen Umsetzung und Durchführung des Projekts beteiligt sein werden. (*Hinweis*: Wenn Sie zum Beispiel den Kontakt mit, sagen wir, der Finanzabteilung suchen, halten Sie nach einem »jungen Wilden« Ausschau, der aktiv mit Ihnen zusammenarbeiten wird ... und nicht unbedingt nach jemandem in formaler »Position«.)

4. Sobald Sie das Beratergremium eingerichtet haben, müssen Sie Zeit in seine Pflege investieren.

DIESE ZEIT **KÖNNEN (MÜSSEN!)** SIE AUFBRINGEN ... EGAL, WIE SEHR SIE MIT »WESENTLICHEN DINGEN BESCHÄFTIGT« SIND.

(Hinweis: Die Bemühung um verlässliche *und* sichtbare Unterstützung – ist wesentlich!)

5. Verbergen Sie nichts vor Ihrem Beratergremium! Diese Garanten der Glaubwürdigkeit können höchst hilfreich sein, sobald Sie Rückschläge erleiden. (Was ... regelmäßig ... der Fall sein wird.) Aber sie werden Ihnen weniger bereitwillig zu Hilfe kommen, wenn Sie Probleme Ihres Projekts – technische, finanzielle, personelle – vor ihnen verborgen halten. (Und das ist milde ausgedrückt!)

30.

Start-up-Unternehmen kostet es viel Mühe, nicht gleich zu Anfang 50 Prozent der Firma für ... Peanuts zu verkaufen. Dasselbe gilt für WOW!-Projekte. Sie sollten Ihre Unabhängigkeit/Seele nicht zu früh verkaufen. Die Alternative? *Lernen Sie von der Hand in den Mund zu leben! Das heißt: Organisieren Sie!* Leihen Sie sich ein paar PCs hier, ein Büro dort, für einen Monat oder zwei (oder zehn!). Entwickeln sie rasch einen Prototypen (siehe unten) – »auf die billige Art«.

D e r   K e r n

Im Ernst: GELD (zu früh, zu viel) TÖTET INITIATIVE + UNABHÄNGIGKEIT.

Es gibt vieles, was für Organisationstalent/»Hilf-dir-selbst-Mentalität« spricht. Zum Beispiel:

* Sie müssen sich beeilen, vorzeigbare Resultate zu bekommen (keine Ressourcen verschwenden!).

* Sie können sich Ihre eigenen Verbündeten wählen, insbesondere Sonderlinge und »Abtrünnige« (Sie sind – mehr oder weniger – niemandem verpflichtet).

* Sie können das Projekt auf Ihre Weise erfinden.

* Sie können groß **(G-R-O-S-S)** träumen.

* Wenn Sie 25 Prozent geschafft haben, können Sie es wegwerfen und, wenn nötig, von neuem beginnen. (Dies ist nahezu unmöglich, wenn Sie jemandem gegenüber verpflichtet sind.)

Die meisten erfolgreichen Projekte bei McKinsey & Co. profitierten davon, dass sie (1) *schlecht finanziert*, (2) *weit weg* von der New Yorker Zentrale angesiedelt und (3) mit einer *geringen Erwartung* hinsichtlich ihres Nutzens gesegnet waren. Das machte uns frei/ermächtigte uns, (1) nach den Sternen zu greifen und (2) meist wenig einflussreiche, aber coole Mitstreiter/Unterstützer zu rekrutieren.

Ich bin auch überzeugt, dass die Mentalität des »Organisierens« die persönliche Kreativität ungemein fördert. Wenn keine Möglichkeit besteht, das Projekt zu vergolden, wendet man sich gleich dem (einfachen/elementaren) Kern der Materie zu. Zudem führt Geld zu Bequemlichkeit, einem verminderten Risikobewusstsein, langen Mittagessen – alles erstklassige WOW!-Killer.

Es ist ein wenig paradox: Geringe Mittel bedeuten, dass Sie (1) mit wenigen Ressourcen schnell produzieren müssen und (2) frei sind, uneingeschränkt zu t-r-ä-u-m-e-n, gerade weil Sie nicht (!) anderen gegenüber verpflichtet sind.

Es ist sehr einfach: Nach meiner Erfahrung befinden sich mit Geld überschüttete Projekte stets unter dem Elektronenmikroskop des Establishments ... und produzieren fast immer marginale, risikolose Resultate. Obwohl nicht alle Projekte mit geringem Budget erfolgreich enden, ... beginnen praktisch alle Erfolgsstorys mit einem solchen. Raten Sie mal, warum?!

T.D.L./Organisieren/Improvisieren!

1. Sie denken womöglich, ich sei verrückt. Aber hören Sie ... **wirklich** ... auf die Meister, die mir ihren Rat gegeben haben: Achten Sie auf die Gefahren, die mit frühem finanziellem Erfolg verbunden sind. (Diese Stricke sind da, ... egal was die Geldgeber sagen!)

2. Sammeln Sie Ressourcen (Leute, Raum, Equipment) von passionierten Sponsoren, die ... **häufig ohne Macht** ... *hoffnungslos von Ihrer »Sache« überzeugt sind. (Überzeugung/Engagement/Leidenschaft schlägt Geld ... zu Anfang ... und in der Regel auch im weiteren Projektverlauf.)*

3. Vermeiden Sie jedes Anzeichen von Angeberei. Es gibt nichts Abstoßenderes als protzende »Revolutionäre«; Sie wollen vielmehr der künftige Welteroberer sein ... in Sackleinen.

4. Führen Sie eine »Kultur des Organisierens« unter Ihren Teamkollegen ein. Suchen Sie coole Freiwillige. Halten Sie nach billigen Arbeitsräumen Ausschau. Verwenden Sie für die rasche Entwicklung von Prototypen einfachste Ausgangsmaterialien (siehe unten sowie unser geplantes Buch *TOP50 – The Quick Prototype*).

5. Organisieren Sie nach folgenden Regeln:

* Revolutionäre fliegen zweiter Klasse!

* Leben Sie auf kleinem Fuß! Träumen Sie uneingeschränkt!

* Seien Sie gegenüber Autoritäten skeptisch! Verkaufen Sie sich nicht selbst! »Euer Bestechungsgeld wollen wir nicht!« **(Noch nicht.)**

* Rekrutieren Sie »coole Typen«. Ignorieren Sie die »Mächtigen«.

* Improvisieren Sie wie ein Weltmeister!

* Ihr Weg zum Ruhm liegt in der raschen Entwicklung von Prototypen!

* Alles, was »einen Monat braucht«, ist in zwei Tagen zu schaffen!

DER GRÖSSERE ZUSAMMENHANG: »MITTELBESCHAFFUNG« FÜR DAS WOW!-PROJEKT

WOW!-Projekte und die Suche nach Risikokapital haben viele Parallelen. Ich habe ein Loblied auf die bescheidene Anfangsfinanzierung von WOW!-Projekten gesungen (zum Beispiel eine Finanzierung, die Ihnen erlaubt, ohne hinderliche Verpflichtungen nach WOW! zu streben). Gleiches gilt für ein Unternehmen, das Startkapital sucht: Es will nicht mit Geld überschüttet werden, das die Versuchung weckt, es für aufwendige Büros und andere Extravaganzen zu verpulvern. Es will ehrgeizig und (soweit irgend möglich) ungebunden bleiben.

Aber die Parallelen gehen noch viel weiter. Die Finanzierung von WOW!-Projekten spiegelt perfekt die Stadien der Finanzierung durch Risikokapital wider. Zum Beispiel:

1. Beginnen Sie mit Startkapital aus verschiedenen Töpfen.

2. Versuchen Sie, Kunden (Pioniere/»Erstanwender«) an einem oder zwei frühen Prototypen zu beteiligen und die dafür nötigen Ressourcen zu beschaffen.

3. Besorgen Sie sich »Risikokapital« (von Ihrem Boss ... oder dem Boss von jemand anderem), das es Ihnen erlaubt, auf Basis der Resultate Ihres Prototyps das Projekt in, sagen wir, einem von elf »Verkaufsgebieten« umzusetzen.

4. Suchen Sie schließlich die Unterstützung des CEO/Bereichsleiters für eine unternehmensweite Umsetzung, ... nachdem sich die regionalen Versuche als erfolgreich erwiesen haben.

Botschaft: Erhalten Sie sich Ihre Freiheit/Flexibilität! (Um – fast – jeden Preis.) Streben Sie stufenweise praktische Ergebnisse an. »Verkaufen« Sie phasenweise, ... sodass die zunehmenden Erfolge Ihre weitere Kontrolle und Einflussnahme in der jeweils nächsten Phase rechtfertigen.

31.

Ein weiteres Mal:

Sie suchen nicht nach den »besten« Kunden, sondern nach Kunden, die Sie lieben, ... die absolut begeistert sind von Ihrem Projekt.

Es ist paradoxerweise sogar besser, wenn diese ersten Kunden *nicht* so profiliert sind ... und sich (möglicherweise) etwas auf Distanz befinden. (*Regel*: Es ist immer besser, neue/unkonventionelle Dinge im »Hinterland« zu testen!)

Der Kern

Verkaufserfolg = Gute »Vorzeigeobjekte«. Gute Vorzeigeobjekte = Resultate **realer** Kundentests unter **realen** Bedingungen.

»Verkaufsregeln«! Sie brauchen eine »Erfolgsbilanz«. **Je eher, desto besser**. Ergo: Sie brauchen »reale« Tests. Ergo: Sie brauchen *reale*/verrückt-coole Kunden ... **Je eher, desto besser ...**, die Ihre Prototypen testen (und dafür als Referenz dienen). Und dann ... bald ... brauchen Sie weitere *reale,* nicht *ganz* so verrückte Kunden, die Ihre nicht *ganz* so frühen Prototypen erproben (und dafür bürgen).

Das Prinzip: Das »Verkaufen« – das Einbinden von immer mehr überzeugten Kunden – setzt immer realistischere Tests/Annäherungen an die tatsächliche Implementierung Ihres WOW!-Projekts voraus.

(Die Formel-1-Version dieses Vorgehens: Microsoft hatte 300 000 »Beta-Tester« für Windows 95, ... die dem Softwaregiganten laut einer Schätzung freien Rat – Zeit! – im Wert von rund einer *Milliarde* US-Dollar schenkten.)

T.D.L. /Die ersten »realen« Kunden!

1. Blättern Sie am Tag Nr. 1 Ihres Projekts – oder spätestens am Tag Nr. 2 – Ihr Adressbuch durch und suchen Sie eine Hand voll potenzieller »Erstanwender« heraus. Verfassen Sie eine grobe – aber WOW! – Projektbeschreibung und treffen Sie sich mit ihnen. Versuchen Sie, ein oder zwei von ihnen als erste partielle Tester zu gewinnen. Vielleicht können Sie sie so sehr begeistern, dass sie Ihnen einen ihrer Leute für ein paar Tage/Wochen ausleihen!

2. Systematisieren Sie diese Übung: Suchen Sie, wo Sie gehen und stehen, nach weiteren potenziellen Anwendern ... und dann nach immer weiteren:

Bauen Sie rasch eine Gruppe von Anwenderpionieren auf.

Botschaft: Um Anwender zu assoziieren, müssen Sie nicht – sollten Sie nicht! – bis zur Implementierung des gesamten Projekts warten! Nutzen Sie Ihre Anwenderpioniere zwecks Projektentwicklung, Rekrutierung von weiteren Anhängern und der Verbreitung von Neugier und Begeisterung.

REPRISE: VERKAUFEN!

EHERNES GESETZ:

Effektive Träumer/WOW!-Projekt-Champions sind Vollzeitverkäufer.

Punkt.

Dies ist die Zusammenfassung von TEIL II, ... mit dem ich auf mein Anliegen Nummer eins zurückkomme, ... meinem ersten Punkt ... dem ENTSCHEIDENDEN, ... also bitte ...

HÖREN SIE MIR ZU!

Mein Streitpunkt Nr. 1 mit den Vertretern des traditionellen Projektmanagements (okay, Nr. 2 hinter der Abwesenheit von »WOW!«) (Okay, zu gleichen Teilen mit der Ausblendung der Dimension des »Kreierens«): das Ignorieren der Tatsache, dass »Projektmanagement« nichts anderes **ist** als verkaufen.

Verkaufen. *Kein anstößiges Wort*. Es bedeutet, Unterstützung ... und Unterstützer ... in immer größerer Zahl zu gewinnen. Ad infinitum.

Sie sind also kein »Verkäufertyp«? U-n-s-i-n-n. Wir *alle* sind »Verkäufertypen« ... falls – **falls!** – uns das Projekt wirklich am Herzen liegt. (Zum Beispiel das Sozialzentrum.) (Zum Beispiel die Neugestaltung des Formulars ... ja, es *gibt* eine Leidenschaft für Formulargestaltung. Bedenken Sie: Es könnte der kleine Anfang einer großen Veränderung sein!) Wenn Sie Ihr Projekt lieben ... und das *müssen* Sie tun, wenn es nur einen Funken Hoffnung auf WOW! geben soll, ... dann sollte klar sein, wie wichtig es ist, es richtig zu v-e-r-k-a-u-f-e-n.

Was ich hier zu »verkaufen« versuche, ist »Verkaufs-mentalität«.

Gewinner
– WOW!-Projekt-Gewinner –
sind nolens volens
verkaufsbesessen.

Was bedeutet, dass sie dem Drang, von ihrem Lieb-lingsprojekt zu schwärmen, nicht widerstehen können. Außerdem schrecken sie – trotz eines möglichen Widerwil-lens – nicht vor dem Wort »Verkaufen« zurück.

Das heißt: **V-e-r-k-a-u-f-e-n Sie!**

III. Implementieren!

IMPLEMENTIERUNG BEDEUTET, EINEN
DETAILLIERTEN PLAN ZU HABEN, RICHTIG?
RICHTIG! KLARE ZUWEISUNG VON VER-
ANTWORTUNGEN? WIEDER RICHTIG!
ABER – NOCH EINMAL: DAS IST DER
GERINGSTE TEIL.

Die Bedingungen (Umfeld, Ressourcen, Menschen) verändern sich ununterbrochen. Besonders in diesen (verrückt, absurd, aberwitzig) unsteten Zeiten.

Implementierung bedeutet also, ... flexibel zu bleiben ... und Ihren Plan in der erforderlichen Weise anzupassen. Es bedeutet, ... die Kunst der schnellen Anwendung von Prototypen zu beherrschen.

Effektive Implementierer (Projektmanager) erreichen ihr Ziel, indem sie testen-testen-testen-*anpassen*-testen-testen-testen-*anpassen*, ... bis in alle Ewigkeit, ... bis zum Überdruss, ... bis sie es mehr oder weniger ... fürs Erste ... *geregelt* haben.

Sie vermeiden/lachen über – die von den Business-Schulen propagierte Methode, Projekte zu planen-planen-planen-planen – bis man blau im Gesicht ist. (Um anschließend weiterzuplanen.)

Somit gehören Verkauf (das Thema des vorigen Abschnitts) und Implementierung vom ersten Tag des WOW!-Projekts an zusammen. Sie stehen in einem symbiotischen Verhältnis: Die Implementierung richtet sich nach den Ergebnissen von Verkauf/Prototypen/coolem Kunden-Feedback; und die immer umfangreichere Verkaufsaktivität wird ständig den Ergebnissen von Implementierung und erster Erprobung angepasst.

Hauptziel der Implementierung ist in der Tat, ... **mehr zu verkaufen**. Mehr und mehr ... und immer mehr ... enthusiastische Anhänger einzubinden.

Aber das ist nicht alles.

32.

Wir müssen »es« – unser Projekt, das in Schwung kommt – in kleine Häppchen/Tagesrationen/Stundenportionen aufteilen.

Die gute Nachricht: Sie *können* das leisten, wenn Sie sich gedanklich darauf einstellen. Das Ein-Tages- oder Fünf-Jahres-Projekt steht und fällt mit der Bereitschaft, »jetzt zu handeln«.

Der Kern

»Zerleg es!« Mein Freund und Kollege Bob Waterman (Mitautor von *Auf der Suche nach Spitzenleistungen*) gebrauchte dieses Wort als Erster. Und traf damit den Nagel auf den Kopf.

Zerhacken. Zerlegen. Zerteilen. Von Einzelteilen besessen sein. Teilen Sie Ihr Projekt auf. Um ein … kleines … winziges … klitzekleines Puzzleteil zu finden, mit dem Sie spielen, das Sie testen und an dem Sie lernen können, … jetzt … unmittelbar … sofort. Der fantastische zusätzliche Nutzen des Aufteilens liegt darin, dass es ein Gefühl von *Dynamik* und *Leistung* erzeugt. Jeden Tag wird *etwas* … Konkretes … *getestet* (nicht nur besprochen oder geplant); und die Energie und der Schwung des Projekts wachsen exponentiell. Und wenn der Test eines Bausteins danebengeht, he, dann geht er schnell daneben – also machen Sie weiter! (Gibt es etwas WOW!-abträglicheres als eine lange, weitschweifige Diskussion, in der viel hochtrabende Theorie verbreitet wird, … nach der man, wenn die Party vorüber ist, seinem »coolen« Ziel um keinen Zoll näher gekommen ist?)

Es ist so – verdammt! – offensichtlich. Aber wenn es so offensichtlich *ist*, warum beherrschen dann so wenige Leute/Organisationen diese Vorgehensweise? Warum verschwenden die Allermeisten Monate mit komplizierten Plänen, bevor sie etwas – irgendeinen winzigen Baustein – im wirklichen Leben ausprobieren?

Erfolgreiches WOW! (wie in WOW!-Projekte und deren Erzeugung) handelt vom Ganzen. Erfolgreiche *Implementierung* handelt von De-konstruktion. Brechen Sie ein kleines Stück aus dem Projekt heraus. Irgendein Stück. Ein winziges Stückchen. **Jetzt**. Testen Sie es. Irgendwo. Irgendwie. **Jetzt**. Lernen Sie daraus. Korrigieren Sie. **Jetzt**. Und dann … brechen Sie ein neues … kleines … Stück heraus. Und testen Sie es. Und …

Kurz, Aufteilen und Testen ist **das Grundprinzip** der effektiven Projektumsetzung.

T.D.L./Mikrotaktik!

1. Jetzt. **Jetzt sofort.** Nehmen Sie ein kleines – winziges! – Element Ihres Projekts. Angeln Sie sich einen Probekunden. Sprechen Sie mit ihm darüber. Das heißt: … Testen Sie es. Jetzt.

2. Ihr unmittelbares Ziel: Teilen Sie die nächsten drei Wochen ein. Das heißt: Definieren Sie eine bestimmte Menge praktischer Mikroteilchen, … die realen Tests unterzogen werden können.

S.b.w.m.w.n.f.

(**So b**ald **w**ie **m**öglich, **w**enn **n**icht **f**rüher.)

33.

Beobachtung:
Es gibt keine Situation – selbst bei Boeing –, in der Sie nicht irgendeinen Teil Ihres Projekts ... **innerhalb weniger Stunden oder zwei/drei Tagen einem mehr oder weniger realen Mikrotest unterziehen können. Spitzenleistung bei der raschen Entwicklung von Prototypen = Spitzenleistung bei der Projektimplementierung.** (Kein Scherz, ... es ist tatsächlich so elementar!)

Der Kern

Die Idee von Kapitel 32: die Projektimplementierung grundsätzlich in sehr kleine Teile zu zerlegen. Mikrobausteine. Und Kapitel 33 liefert **das** Instrument, um diese Mikrobausteine zu testen: den

schnellen Prototyp.

Wir halten dies für so zentral für WOW!-Projekte, dass wir es zum Thema eines weiteren (kompletten) Buches dieser Reihe machen: *TOP50 – The Quick Prototype.*

TOP PRIORITÄT????????????

»Projekt«/»Projektmanagement« – ... was fällt Ihnen dazu ein?

Nun, ... hier sind die ersten fünf Fragen aus dem Fragebogen zum Thema »Spitzenleistung im Projektmanagement« (Auszug aus *In Search of Excellence in Project Management*):

1. Mein Unternehmen verwendet *aktiv* folgende Prozesse:

   A. Nur Total-Quality-Management (TQM)

   B. Nur Concurrent Engineering (zwecks verkürzter Entwicklungszeiten)

   C. Nur TQM und Concurrent Engineering

   D. Nur Risikomanagement

   E. Nur Risikomanagement und Concurrent Engineering

   F. Risikomanagement, Concurrent Engineering und TQM

2. Wie hoch ist der Anteil Ihrer Projekte, bei denen Sie die Prinzipien des Total-Quality-Managements anwenden (in Prozent)?

   A. 0 Prozent

   B. 5-10 Prozent

   C. 11-25 Prozent

   D. 26-50 Prozent

   E. 51-75 Prozent

   F. 76-100 Prozent

3. Wie hoch ist der Anteil Ihrer Projekte, bei denen Sie die Prinzipien des Risikomanagements anwenden (in Prozent)?

   A. 0 Prozent

   …

   F. 76-100 Prozent

4. Wie hoch ist der Anteil Ihrer Projekte, bei denen Sie versuchen, die Produktions-/Entwicklungszeiten durch

parallele statt hintereinander geschaltete Arbeitsab-
läufe zu verkürzen (in Prozent)?

A. 0 Prozent

...

F. 76-100 Prozent

5. Der Risikomanagementprozess meines Unternehmens
berücksichtigt:

A. Wir wenden kein Risikomanagement an

B. Nur finanzielle Risiken

C. Nur technische Risiken

D. Nur Planungsrisiken

E. Eine Kombination aus finanziellen, technischen
und Planungsrisiken je nach Projekt ...

Nicht, dass diese Fragen unsinnig wären. (Sind sie
nicht.) Sie verfehlen nur das Thema. *Das ganze Thema*.
Überraschung (das heißt, keine Überraschung): WOW!,
Schönheit, Gestaltung, Verkauf und Begeisterung kommen ebenso wenig vor wie ... schnelle Prototypen.

»Das Buch« – *In Search of Excellence in Project Management* macht alles so grau. Projektmanagement ... grau?
Das behaupten zumindest »die Bücher«. Und ich? Ich fin-
de es so ...

**aufregend, ... packend,
... witzig, ... spannend,
kribbelnd, berauschend,
... cool.**

Und cool bedeutet – bei der Projektimplementierung –
in erster Linie ... prototyp-fanatisch.

SERIOUS PLAY

Das perfekte Gegenstück zu *In Search of Excellence in Project Management* ist das brillante, neue, originelle, bunte **Serious Play** von Innovationsguru – meinem Innovationsguru! – Michael Schrage. Thema: Entwicklung von Prototypen! Tenor: Eine »Kultur« der schnellen Prototypen ist das ultimative Kennzeichen jeder innovativen Organisation. (Ich halte es für das beste Buch zum Thema Innovation, das ich je gelesen habe.)

* * *

Bild: Malen mit Fingerfarben im Kindergarten; *Bild:* ein NFL-Dienstags-Training; *Bild:* das Akquisitionsteam einer Investmentbank produziert Stapel von Papier mit Dutzenden ... und Aberdutzenden ... von möglichen Vertragsversionen; *Bild:* eine Theaterkompanie macht eine Leseprobe für ein neues Stück; *Bild:* das Quartett der lokalen Friseure sitzt im Restaurant The Old Station in Pawlet, Vermont und singt ein Lied, das es neu ins Repertoire aufnehmen will.

Es ist jedes Mal dasselbe: ausprobieren ... rasche Annäherung, ... erste Durchläufe. Das ist Verbesserung durch Trial and Error, durch Korrektur und erneuten Versuch. Immer: A-k-t-i-o-n.

»Üben« ist die Grundlage der Künste (Sport, Theater etc.) und ... seltsamerweise ... im Business so gut wie nicht vorgesehen. (Und in der »Businessliteratur« freilich überhaupt nicht existent.) Im Hinblick auf eine künstlerische Tätigkeit stellen wir uns etwas vor, ... probieren es dann aus, ... und korrigieren es ... und versuchen es wieder, ... **möglichst sofort**. Im Business, und daran haben die Business-Schulen den größten »Verdienst«, reden ... und reden wir ... *und planen ein bisschen und reden ein* *bisschen mehr* ... und planen und planen ... *und planen ein bisschen mehr,* ... bevor wir uns in Richtung Übungs-feld bewegen. Bis dahin hat man uns wahrscheinlich be-reits alles WOW! aus unseren Ideen ausgeredet ... und uns bleibt nur noch die »sichere« (= kann-nun-wirklich-we-der-dem-Boss-noch-sonst-jemandem-missfallen-)Wahl.

Aber die Cleveren – wie David Kelley von IDEO Design & Product Development und diese häufig verschrienen In-vestment-Banker – leben und atmen ... Spiel, ... Proto-typ, ... Versuch, ... Korrektur ... *J-E-T-Z-T.*

* * *

FARBIGES LEBEN = TRIAL **A-N-D** ERROR
FARBIGES LEBEN = SCHNELLE PROTOTYPEN

T.D.L./Schnelle Prototypen!

1. Entwickeln Sie ... aus einem (kleinen) Teil des Pro-jekts ... **in den nächsten drei S-t-u-n-d-e-n** einen Pro-totyp. (*Kein Scherz! Wir machen das in unseren WOW!-Projekt-Seminaren.*) Testen Sie es. Heute.

2. Morgen. Punkt 1. Das heißt: Wiederholen Sie! Ent-wickeln Sie Prototypen! Testen Sie!

3. Lesen Sie unser *TOP50 – The Quick Prototype*. Bitte. (Okay ... Sie müssen noch ein paar Monate warten. Es ist für die nächste Runde von *Top50*-Ausgaben geplant.) (In der Zwischenzeit klicken Sie auf Amazon.com und bestel-len Sie – Lieferung über Nacht! – Michael Schrages *Serious Play* ... siehe oben.)

Die Regeln für schnelle Prototypen

1. Formulieren Sie einen kleinen praktischen Test für irgendeinen Teil Ihres Projekts ... auf höchstens einer Seite. Jetzt.

2. Nutzen Sie bereits vorhandene Materialien, um den Test ... auf (sehr) einfacher Basis ... durchzuführen. Jetzt.

3. Finden Sie einen (exzentrischen) Partner/Kunden, der sich für einen Test zur Verfügung stellt und als Resonanzboden dient. Jetzt.

4. Setzen Sie sich einen sehr engen Zeitrahmen von fünf Arbeitstagen – gegebenenfalls etwas mehr oder weniger – für den folgenden, praktischen Schritt:

5. Führen Sie den Test durch. So bald wie möglich.

6. Interviewen Sie die Beteiligten und notieren Sie die Ergebnisse genauestens in Ihrem Projekt-Notizbuch.

7. Setzen Sie einen Termin für den nächsten Test an. So bald wie möglich. (In fünf Tagen.)

8. Wiederholen Sie ... ad infinitum.

* * *

WICHTIGER GEDANKE: Bestimmen Sie den Rhythmus für die Anwendung schneller Prototypen.

SCHNELLE PROTOTYPEN: »Dies ist ›die Art, wie wir hier arbeiten‹. Das ist es, was wir tun.«

33a.

Der Kern

Wieder: Danke, Michael Schrage. Ich bin mir ziemlich sicher, dass er der Erfinder des Begriffs **Prototyp-Kultur** ist. Die Idee: Die effektive Entwicklung und Erprobung von Prototypen ist eine **Lebens-** und nicht nur eine Verfahrensweise.

Wie viele von uns haben es geschafft, »Qualität« in unsere »Unternehmenskultur« zu integrieren? Wir haben sie studiert. Wir haben sie bis zum Überdruss trainiert. Haben sie durchgekaut und gepredigt. Wir haben sie belohnt. Das heißt, wir taten alles Erdenkliche, um sie in die Art, »wie wir hier Business machen«, zu integrieren. Mein Punkt: Prototypen (schnelle Anwendung von Musterproduktionen) sind ebenso wichtig wie Qualität.

Also, … krempeln Sie die Ärmel hoch:

* Studieren Sie!

* Trainieren Sie!

* Üben Sie!

* Üben Sie!

* Üben Sie!

* Belohnen Sie!

1. Trainieren Sie! Veranstalten Sie regelrechte Trainingskurse zum Thema schnelle Prototypen.

2. Betreiben Sie Benchmarking! Studieren Sie die Champions schneller Prototypen wie Sony und IDEO und HP und 3M und Yahoo.

3. Thematisieren Sie! Sprechen Sie über das Thema schnelle Prototypen ... täglich.

4. Belohnen Sie! Erheben Sie die erfolgreiche Anwendung von Prototypen zu einem Kriterium des formellen Beurteilungsprozesses ... für jedermann.

34.

Das Aufteilen von Projektbausteinen und die schnelle Anwendung von Prototypen spiegelt eine Kultur wider, die das spielerische Element fördert. (Ja ... in der Einkaufsabteilung!)

Spielen ist etwas Ernstes! Schauen Sie nur einem Vierjährigen »bei der Arbeit«, ... will sagen beim Spielen zu. Ich nenne das die »Inspiration des Sandkastens«.

Hinweis: Das spielerische ist das entscheidende Element jener nüchternen, wissenschaftlichen Methode, bei der nur das eine Motto zählt: *Probieren Sie aus! Jetzt! S-p-i-e-l-e-n Sie damit!*

Anhang: Suchen Sie sich Spielgefährten. *Ein inspirierendes Spiel braucht inspirierte Spielgefährten, ... diese ersten wertvollen Kunden, die Ihre unausgegorenen Prototypen dem Wirklichkeitstest unterziehen.* (Zu diesen »Kunden« können Freunde gehören, die Sie auf dem Korridor treffen ... und die bereit sind, Ihnen 45 Minuten zu schenken, um das »Miniaturmodell« Ihres Prozesses durchzugehen, das Sie soeben – an diesem Morgen – erstellt haben. Gepriesen seien sie!)

Der Kern

Mein Schreckgespenst Nr. 1: Wörter, die wir zwischen 17 Uhr und 9 Uhr wie selbstverständlich verwenden ... und zwischen 9 Uhr und 17 Uhr nicht auszusprechen wagen.

Zum Beispiel: **S-p-i-e-l-e-n!**

WOW!-Projekt-Implementierung = inspirierende Verspieltheit. Verspieltheit ist eine wunderbare Eigenschaft. Sie bedeutet, dass Sie sich selbst genug vertrauen, um sich gehen zu lassen, ... zu relaxen ... und dem enormen Kreativitätsreichtum, der in jedem Einzelnen von uns steckt, freien Lauf zu lassen. Sie werden darin einen ungeahnten persönlichen Wettbewerbsvorteil entdecken. (Es amüsiert mich ... *gewaltig*, wenn ich mir das Wort »spielen« im Index eines traditionellen Buches über Projektmanagement vorstelle. Nicht mehr in diesem Leben!)

Spielen ist nicht »lustig«. Spielen ist ernst. Beweis? Schauen Sie einem Vierjährigen bei der Arbeit an seiner Sandburg zu. Sehen Sie sich die Intensität, ... die Konzentration, ... die Entschlossenheit, ... das Fehlen jeglichen reflektierenden Bewusstseins an. Testen. Zerstören. Wieder testen. *Wieder zerstören.* Verändern. Einsatz? Himmelhoch! (Wenn man nicht auf das Kind aufpasst, ... könnte es noch mit der nächsten Flut ins Meer gespült werden. Buchstäblich.) Zielbesessen? Darauf können Sie wetten!

Also ... Sie sind an der Reihe!

Nur los! Probieren Sie es! Und wenn es schief geht! Versuchen Sie es noch einmal! Setzen Sie das fort. S-p-i-e-l-e-n Sie.

SPIELER

DEEP PLAY: (di:p), Adj. (plei), Subst. 1. Ein Zustand selbstvergessener Beschäftigung mit unserer Umgebung. 2. Ein erhöhter Transzendenzbereich außerhalb der Zeit. 3. Ein Zustand optimaler Kreativität.
Diane Ackerman, Deep Play

Sie können kein ernsthafter Erneuerer sein, solange Sie nicht bereit, gewillt und in der Lage sind, ernsthaft zu spielen. »Ernsthaftes Spielen« ist kein Widerspruch; es ist vielmehr der Inbegriff von Innovation. Michael Schrage, *Serious Play*

T.D.L./Spielregeln!

1. Sprechen Sie mit Ihren Teamkollegen über das Spielen: Wenn unser Projekt ein Spielplatz wäre, ... was würden wir ändern? Jetzt sofort? **(Zehn Ideen bitte!)** Nehmen Sie sich eine Schwachstelle Ihres Projekts vor. *Spielen* Sie damit. Überdenken Sie Ihre Vorstellungen. Machen Sie etwas Aufregendes, Absurdes, Unerwartetes damit. Probieren Sie es aus. Testen Sie, wie es ... sich damit spielen lässt.

2. Sprechen Sie mit Ihren wichtigsten Anwendern (Ihren Spielgefährten!) über ... das Thema S-p-i-e-l-e-n: Wie können wir unserem nächsten Test eine spielerische Note geben, sodass die Anwender-Spielgefährten ihre Fantasie spielen lassen und uns spielerisches (inspirierendes, unerwartetes, witziges, wertvolles) Feedback geben können?

3. Alle zusammen: Bewerten Sie Ihr WOW!-Projekt-Team ... nach seinem spielerischen Geschick. (Zum Beispiel: Verfolgen wir unseren Traum auf wirklich spielerische Weise?)

35.

All dies zusammen – Aufteilen/Prototyp-Kultur/Spiel-
geschick – erfordert schnelles Feedback und drastisch ver-
kürzte Feedback-Schleifen. *WOW!-Projekte leben von
möglichst kurzen Test-und-Feedback-und-Korrektur-Zy-
klen!*

**Belohnen Sie Erfolg und Misserfolg gleichermaßen.
Bestrafen Sie Untätigkeit.**
David Kelley, IDEO Design & Product Development

Anlegen. Feuern! Zielen.
Ross Perot (und andere wie Harry Quadracci,
Gründer von Quad/Graphics, und Wayne Calloway,
ehemaliger Chairman von PepsiCo)

Der Kern

Stellen Sie sich vor: ICH VERSUCHE MIT ALLEN
MITTELN, IHNEN »A.F.Z.« (Anlegen. Feuern!
Zielen.) UND »S.P.« (Schnelle Prototypen) EIN-
ZUTRICHTERN (und einzuhämmern), ... UM IH-
NEN KLAR ZU MACHEN, ... DASS DIES – nicht
»der Plan« – IMPLEMENTIERUNGSTHEMA/IN-
STRUMENT/CHANCE NR. 1 IST.

»Fehler. Vorwärts. Dalli«:

Ein Hightech-Manager nennt dies sein Motto. Das Ziel:
Den Zeitrahmen der Durchführung und die Feedback-Wege
exponentiell zu komprimieren! (Exponentiell: richtiges

Wort: Michael Schrages akribische Studien haben gezeigt, dass die Prototyp-Profis *hundertmal* schneller sind als die Morgenmuffel/Spezifikationsbesessenen.)

Um atemberaubende Geschwindigkeit zu erreichen, müssen Sie heiße Luft und große Worte aus dem Prozess verbannen. (Aus allen Prozessen.) Das bedeutet, weniger Phrasen zu dreschen und die eigene Person nicht so wichtig zu nehmen. Haben Sie dazu eine Idee? Kommen Sie in die Gänge und machen Sie einen Test/Prototyp ...
J-E-T-Z-T-!

Und scheren Sie sich nicht darum, wer die Lorbeeren erntet. (Darum können Sie später kämpfen – und WOW!-Projekte produzieren genug Lorbeeren und Ruhm, dass es für alle reicht.) Machen Sie es publik und sammeln Sie Reaktionen ... **J-E-T-Z-T!** Verarbeiten Sie diese Reaktionen und korrigieren Sie entsprechend ... **J-E-T-Z-T!** Und an jeder Kurve, jeder Ecke, bei jeder Gelegenheit: Unterdrücken Sie das Eigenlob, machen Sie keine großen Worte, verzichten Sie auf die Lorbeeren:

BLEIBEN SIE KONKRET, BRINGEN SIE DIE SACHE ÜBER DIE BÜHNE UND HALTEN SIE DAS PROJEKT IN B-E-W-E-G-U-N-G!

Das gilt insbesondere für WOW!-Projekte. Das heißt: WOW! ist ein subjektives Urteil. Es hat mit Kunst/Schönheit ... und Dingen zu tun, die Ihnen (und Ihren Kunden) den Atem rauben. Den Atem rauben kann nur etwas K-o-n-k-r-e-t-e-s, das eine Reaktion herausfordert. (*Richtig? Denken Sie darüber nach.*)

WOW! handelt von 100 falschen Starts, ... bis es g-e-n-a-u r-i-c-h-t-i-g/w-a-h-n-s-i-n-n-i-g c-o-o-l ist. 100 falsche Starts fordern eine schnelle Teste-und-korrigiere-und-teste-wieder-Mentalität. Oder der Tod möge uns scheiden!

T.D.L./Fehler. Vorwärts. Dalli.

1. *Optimieren* Sie den Zyklus von Test und Korrektur. Hüten Sie sich vor zu viel Manöverkritik am Montagmorgen. Werten Sie rasch Ihren letzten Test aus. (Keine Schuldzuweisungen. Nur die Fakten.) Verändern Sie einige (wenige) wichtige Aspekte. Und: Probieren Sie es wieder im wirklichen Leben aus.

2. Nach dem Test:

Notieren Sie das Feedback ... innerhalb von 24 Stunden.

Bauen Sie Änderungen ein ... innerhalb von 24 Stunden.

Starten Sie erneut ... innerhalb von 24 Stunden.

Dies ist der schwingende/synkopische/pulsierende Rhythmus, den wir etablieren und beibehalten wollen. (*Und*: Das ist möglich.)

36.

*Fragen Sie einen Künstler: Nur die Bereitschaft, ein
fast vollendetes Werk zu zerstören, führt zu WOW!*

Der Kern

Sie haben zwei Fünftel des Weges durch das Projekt
hinter sich gebracht. Irgendwie hat es keine Musik. Sie
testen es, ... versuchen es immer wieder. »Okay«. Aber
nicht »atemberaubend«. Also: *Verwerfen Sie es.* Weg damit. Oder ... legen Sie es wenigstens zur Seite.

Verwerfen Sie es = Gehe zurück auf Los und erfinde alles neu. Das ist – häufig – die Vorbedingung für einen
(späteren) WOW!-Projekt-Erfolg. Das kann – und wird –
hart sein. Wir alle entwickeln eine Anhänglichkeit für bestimmte Teile unseres Projekts; es geht hier schließlich
um »unser Kind«.

Die Herausforderung besteht darin, unseren inneren
Schweinehund zu überwinden und das ganze Ding auf den
Müll zu werfen. (Es ist nicht WOW! ... und Sie wissen es.)
Es kommt ein Moment (schrecklicher) Agonie und dann
(in der Regel) ein wunderbares Gefühl von ... Erleichte-
rung, ... Heiterkeit, ... und Sie spüren in sich die Kraft für
neue Versuche.

Eine Freundin von mir, eine erfolgreiche Schriftstellerin und Professorin, ermahnt ihre schreibenden Studen-
ten: **»Tötet eure Lieblinge.«** Damit will sie sagen, dass
man einen nicht gelungenen Romanabschnitt streichen

muss, so sehr man auch einzelne Sätze und Passagen daraus liebt. Guter Rat. (Nein: Großartiger Rat!) Ein schöner *Teil* des Projekts ist nutzlos – schlimmer als nutzlos, er ist zerstörerisch –, wenn er nicht das Ganze unterstützt. Das Ganze liefert das WOW!. Das heißt: Zerstören oder erobern!

Wenn Sie dazu *nicht* den Nerv haben? Nun, ... ich sage es ungern, ... dann sind Sie nicht im WOW!-Projekt-Geschäft.

THROW IT AWAY, SAM!

»Der echte Künstler«, sagte ein professioneller Musikerfreund, »ist bereit, alles – drei Monate Arbeit – für den nächsten Pinselstrich aufs Spiel zu setzen.«

TOMS KOMMENTAR: So auch der WOW!-Fanatiker.

T.D.L./Weg damit!

1. Halten Sie von Zeit zu Zeit – monatlich? – ein, und fragen Sie sich selbst, ob Sie ... wirklich ... noch auf WOW!-Kurs sind. Und – viel schwieriger: Ob Sie mit dem Projekt fortfahren sollen. Stellen Sie sich diese Fragen ernsthaft ... **sehr** ernsthaft. Und wenn die Antwort »nein« lautet, dann töten Sie das Projekt schnell und gründlich. (Seien Sie bitte auf diese Möglichkeit gefasst. Das Projekt ist *die* Handschrift Ihres Lebens, ... oder?)

2. Wie wär's mit einer Woche, in der Sie sich irgendeiner stupiden Tätigkeit widmen, die Sie vernachlässigt haben? Also eine Woche w-e-g v-o-m P-r-o-j-e-k-t ... damit Sie sich »ihm« mit frischem Blick, ... Verstand ... und Geist erneut nähern können. (Dies ist für mich bei allen Schreibprojekten obligatorisch.)

37.

Vollzeit-Hilfe. Teilzeit-Assistenz. *Gehen Sie mit einem interessanten Menschen essen ... und bitten Sie sie/ihn dann, Ihnen bei einer kleinen Sache behilflich zu sein!* He, ... daraus könnte sich etwas Großes entwickeln.

D e r   K e r n

DIE VERKAUFSTÄTIGKEIT – ALSO DIE ERWEITERUNG DES WOW!-PROJEKT-NETZWERKS – HÖRT NIEMALS AUF! IM GEGENTEIL: SIE INTENSIVIERT SICH MIT DER ZEIT.

Gewiss, ich trenne in diesem Modell/Buch die »Verkaufs-« und die »Implementierungsphase«. Diese Trennung ist, zugegebenermaßen, ziemlich willkürlich! Wenn WOW! das Ziel ist, dann ist Verkaufen das Leben ... für immer. Deshalb brauchen Sie ... *unbedingt* Leute, die gehende, redende, energiesprühende und mutmachende Reklametafeln für Ihr Projekt sind. Das heißt, Leute, die unbeirrt Enthusiasmus erzeugen. Projekte, die sich mit der herrschenden Unternehmenskultur anlegen wollen, brauchen treue Anhänger. (*Anatole France: »Ich ziehe die Fehler des Enthusiasmus der Gleichgültigkeit der Weisheit vor.«*)

Ein (der wichtigste?) Grund für schnelle Prototypen ist, dass wir potenziellen Fürsprechern – schnell – zeigen wollen, was für ernsthaft coole Sachen wir machen:

»Spring jetzt auf ... oder der Zug fährt ohne dich ab.«

Das ist die unterschwellige Botschaft.

T.D.L./Rekrutieren Sie! In alle Ewigkeit!

1. *»Versäumen« Sie kein Mittagessen.* Natürlich stecken Sie bis zum Scheitel in Arbeit. Aber vergessen Sie niemals – und unter keinen Umständen! – Ihre »Verkaufsziele«. »Zeigen Sie, was Sie haben«, wo immer Sie Gelegenheit dazu haben! **Machen Sie überall möglichst viel Eindruck!** Veranstalten Sie spontane Präsentationen für alle Gruppen – ob ein oder mehrere potenzielle Anhänger!

2. Schenken Sie besonders den so genannten Nobodys Beachtung.

Botschaft:
Niemand, der Ihre Sachen liebt, ist machtlos! Es sind Fans! Preisen Sie sie! Rekrutieren Sie sie! Benutzen Sie sie! **(Nutzen Sie sie aus!)** Echter Enthusiasmus schlägt fast immer formelle »Position«. Ich ziehe jederzeit den Eifer eines überzeugten Anhängers aus der untersten Abteilungsebene der halbherzigen Unterstützung eines Vice President vor! Mittel- und langfristig werde ich in dem Maß gewinnen, wie ich Enthusiasten hervorbringen und einsetzen kann.

3. Nehmen Sie Rekrutierung sehr ernst. Formalisieren Sie sie. Erstellen Sie eine Treffer-/Kandidaten-Liste. Wickeln Sie sie ab. Wieder: Implementierungserfolg = Erfolg bei der Anwerbung anderer, ... insbesondere anderer Enthusiasten. Dies verlangt eine e-n-o-r-m-e Investition (an Zeit).

37a.

Während der oft quälenden, sich hinziehenden Implementierungsphase kann Humor dafür sorgen, dass sich die Erde weiter dreht – oder zumindest nicht aus der Bahn kippt.

D e r   K e r n

Humor ist die geheime WOW!-Waffe! Nichts ... absolut *gar nichts* ... mildert Spannung und schafft Einheit und WOW!-Kultur wie Humor.

Ein Termin rast mit 150 km/h auf Sie zu. Ihr Team hat genug Koffein konsumiert, um die ganze Nacht durchzutanzen; Stress und Spannung beherrschen die Szene.

Plötzlich erzählt jemand einen Witz oder macht eine wirklich lustige Bemerkung über das, was Sie gerade tun, ... oder über den Doughnut, den er gerade gegessen hat, ... oder über die Absurdität des Lebens.

Ein Gelächter bricht los ... ja, BRICHT LOS ... im ganzen Raum. Und ihm folgt eine emotionale ... *Erneuerung* ... und Erfrischung ... die man regelrecht fühlen kann.

Ein großartiges Beispiel für die Macht des Humors war in jüngster Zeit die Rede des ehemaligen Senators Dale Bumpers, die er zur Verteidigung Bill Clintons in dessen Impeachment-Verfahren hielt. Es war eine in vielerlei Hinsicht meisterhafte Rede; aber es war Bumpers' selbstironischer Humor inmitten all dieser ... Schwere und »Geschichte« und selbstgerechter Frömmigkeit, ... der das Geschehen plötzlich auf eine menschliche Ebene zurückholte.

Ein Beispiel (ich paraphrasiere mehr schlecht als recht): »Eines Tages in der Kirche fragte der Pastor, ob irgendeiner der Anwesenden jemals einen so perfekten, selbstlosen und von jeglichen Rachegefühlen freien Menschen getroffen habe wie Jesus Christus. In den hinteren Reihen hob ein Mann die Hand und sagte: ›Der erste Mann meiner Frau.‹« In der Senatskammer brach ein Gelächter los, und die Spannung löste sich auf sehr heilsame Weise auf.

Ich würde das Impeachment-Verfahren kaum als WOW!-Projekt klassifizieren (eher schon als absurdes Theater), aber Senator Bumpers demonstrierte uns sicherlich die Macht des Humors und dessen alles durchdringende Wirkung, den Gang der Ereignisse zu beeinflussen (viele nannten die Rede einen Wendepunkt zu Gunsten des Präsidenten).

Also, heitern Sie Ihr Team – mit Bedacht – auf. Treffen Sie zufällig einen besonders verrückten/lustigen/witzigen Kollegen, dann fragen Sie ihn – auf der Stelle –, ob er nicht bei Ihrem Projekt ... in irgendeiner Form ... mitmachen will.

Zudem bedeutet ernsthafte (weltverändernde) Projektarbeit, dass Sie von Zeit zu Zeit Schläge und Rempler abbekommen. (Nicht so selten ... in Wirklichkeit.) Sie müssen also nach potenziellen Rekruten Ausschau halten, die Widerstandskraft, ... Humor ... und die Fähigkeit haben, brutale Attacken durch Lachen abzuwehren. Ausgeprägter Humor entwickelt sich meistens in Reaktion auf eine feindliche Umgebung. Wahr. *Und* wichtig. Treiben Sie ein wenig Personalsuche im Sinn von »erwiesenermaßen vorhandene Fähigkeiten« zu ungezügeltem Enthusiasmus und Sinn für Humor. Jeden Tag!

T.D.L./Vorsätzlich gute Laune!

1. Sprechen Sie mit *einer* potenziellen, unkonventionellen Enthusiastin. *Heute*. Suchen Sie sie mit Hilfe Ihres Adressbuchs … oder indem Sie Freunde anrufen und sie nach deren Freunden fragen, die »vielleicht ein bisschen daneben, ein bisschen exzentrisch und sehr witzig sind«.

2. Versuchen Sie Ihr Glück!

Ziehen sie einen echten Scherzkeks an Land.

Eine Reputation als Unruhestifter – Eiferer – Spaßvogel? Na und? Oder besser: Genau, was Sie brauchen!

(DAS HEISST: SUCHEN SIE NACH »SCHWERVERMITTELBAREN«. SCHWER VERMITTELBAR = DER FRÜHERE BOSS ÄRGERTE SICH DARÜBER, DASS ER/SIE EIN ODER ZWEI REGELN DEMONTIERT HAT. HURRA! GENAU, WAS WIR GESUCHT HABEN!)

3. Machen Sie »Sinn für Humor« zu einem entscheidenden Kriterium bei all Ihren Streifzügen auf der Suche nach Anhängern. (Beispiel: Die frühere texanische Gouverneurin Ann Richards setzt »Sinn für Humor« an die Spitze der Liste von Rekrutierungskriterien für ihre Mannschaft.)

38.

Der Ordner ist anfangs fast leer, abgesehen von zahlreichen Kapitelüberschriften/Trennstreifen.

Jede Überschrift/jeder Abschnitt bezieht sich auf ein wichtiges Projektthema/eine »Zielvorgabe« (Sie können den Inhalt zusätzlich im Computer erfassen ... und mit einer guten Groupware zugänglich machen, ... aber die gedruckte Version ist unverzichtbar. Glauben Sie niemandem, der etwas anderes behauptet!)

Der Kern

Brauchen Sie so viel »Ordnung«? Keine Frage!

Nur: »Ordnung« bedeutet nicht Bürokratie.

Oder die Installation der neuesten Projektmanagement-Software. (Was nichts anderes impliziert, als ... die Bürokratie einzuführen.) Ordnung = Instrument Nr. 1 = PROJEKTBIBEL/NOTIZBUCH/HEFTER.

Es ist das älteste – und einfachste – Instrument weit und breit. Das Notizbuch. **(D-A-S N-O-T-I-Z-B-U-C-H.)** Es umfasst am Ende möglicherweise drei oder vier dicke Ordner. Es ist der Traum jedes Sammlers: Es enthält e-i-n-f-a-c-h a-l-l-e-s u-n-d j-e-d-e-s. Jeden Papierschnipsel/Bierdeckel/herausgerissenen Artikel. Es ist mehr Tagebuch als Planer. Es enthält Nichtiges und Wichtiges, ... Übermütiges und Nüchternes.

Elektronische Versionen sind chic – und sind für Sie vielleicht genau richtig. Aber für viele von uns ist der gute alte Ringordner unersetzbar.

T.D.L./Die Macht des Projektordners!

1. Fangen Sie an. Heute. Gehen Sie und kaufen Sie sich Ordner. Nehmen sie welche, die Ihnen »sympathisch« sind – Farbe, Größe, Design. Heften Sie *a-l-l-e-s* ab. Das heißt: Betreiben Sie Abfallsammlung. Wer weiß, in welchem kritischen Moment der kleine Zeitungsausschnitt einmal weiterhelfen kann.

2. Beschäftigen Sie sich mit der Einteilung des Ordners. **Die »Kapitelüberschriften« sind wichtig. Sie spiegeln – praktisch – die Themen oder das Organisationsschema des gesamten Projekts wider.**

3. Jetzt: Benutzen Sie *den Ordner*.

(1) Fordern sie alle Beteiligten auf, alles in Zusammenhang mit dem Projekt hinein zu tun.

(2) Treffen Sie sich gelegentlich im Team, um ausschließlich über »Ordnerthemen« zu sprechen. Das heißt, um die diversen Beobachtungen zu begutachten, die von den Teammitgliedern beiläufig gesammelt wurden.

(3) Machen Sie daraus einen **Spaß** ... und nehmen Sie diese Sache wichtig. Sie ist ein zentraler Bestandteil jenes Spiels, das sich Kreativität nennt.

39.

D e r   K e r n

Grundkurs Listen. Sekretärinnen-Einmaleins. Nennen
Sie es die Macht der Notiz. Die Macht der Zusammenfassung. Nennen Sie es ... **M-a-c-h-t.**

Keine Worte können adäquat die Macht beschreiben,
die einem

brillanten Protokollanten

unwillkürlich eingeräumt wird!

Und dem Menschen, der »widerstrebend« die Aufgabe
der Erstellung der To-Do-Listen/Tagesordnung über-
nimmt. Wer die Tagesordnung »vorbereitet«, ist in Wirklichkeit auch der, der sie – und damit schließlich den Rahmen des gesamten Projektplans – so gut wie *festlegt*.

Dies ist ein Machtinstrument. (Für die so genannten
Macht-losen.) Und es ist ein entscheidendes Instrument
der Projektumsetzung:

KURZ: SIE KÖNNEN NIE GENUG LISTEN ... ODER
ZUSAMMENFASSENDE DOKUMENTE HABEN. Listen bieten eine Übersicht, ... sie sind das Des-
tillat ... aus ... nun, ... allem: Was für dieses
WOW!-Projekt wichtig ist, ... in welche Richtung es geht, ... und was als nächstes zu tun
ist!

(Keine Übertreibung: Ich denke, viel von meinem Implementierungserfolg, besonders als junger Anfänger, war das Ergebnis zwanghaften Protokollierens. Egal, wie erschöpft ich nach einer sechsstündigen Marathonsitzung war, ich raffte mich regelmäßig auf ... und schrieb/verteilte eine **Zusammenfassung** – innerhalb von Stunden nach dem Ende der Sitzung. Ein solches Vorgehen impliziert, automatisch die Initiative zu ergreifen und sich energisch ins Zentrum der Debatte zu stellen. Und, um es geradeheraus zu sagen: Es liefert Ihnen einen Vorwand, mit den höheren Ebenen der Organisation direkt zu kommunizieren. Mehr zu dieser großen Idee in unserem geplanten *TOP50 – Power+Implementation*.

T.D.L./Listen ... Listen ... noch mehr Listen!

1. Stellen Sie sicher, dass es stets **(1)** von jeder Sitzung eine sofortige Zusammenfassung durch den Protokollführer, **(2)** eine Tagesordnung gibt. Teams leben von KURZEN LISTEN ... oder sterben. (Gewiss, einige Listen stehen im Widerspruch zu anderen. Aber,... wenn es Listen gibt, dann gibt es auch prägnante, konkrete Themen und Prioritäten zu erörtern und zu klären.)

2. Bitte: Verwenden Sie keine beeindruckende Software für die Erstellung der Listen. Das »Ergebnis« ist häufig unübersichtlich. Eine anwenderfreundliche Liste ist ... eine einfache Liste. (Verwenden Sie zum Beispiel Word, nicht Excel.)

3. Verändern Sie die Listen ... ständig. Machen Sie daraus »lebendige Listen«. **WAS FÜR EIN INSTRUMENT!** Beziehen Sie die Teammitglieder ... regelmäßig ... in die Bearbeitung der Listen ein. Entwickeln Sie dafür bestimmte Regeln: Fünf verschiedene Leute verwenden fünf verschiedene Schriftfonts für ihre Änderungszusätze – was auch immer/wo auch immer.

4. Spezielle Anmerkung für den »Machtlosen«:

Das sind Sie nicht!

Und Listen und Protokolle sind eine »selbstverständliche« Möglichkeit, ... still und heimlich die Initiative zu übernehmen.

* * *

ANMERKUNG: ICH LIEBE LISTEN & ZUSAMMENFAS-SUNGEN. UND ICH WILL, DASS SIE LERNEN, DIESE B-E-G-E-I-S-T-E-R-U-N-G ZU T-E-I-L-E-N! ICH GLAU-BE AN ORGANISATION. ICH GLAUBE NICHT, DASS DAS DIE DINGE VERKOMPLIZIERT. LISTEN VEREINFA-CHEN, KLÄREN, DIENEN DER ERBAUUNG.

MACHTBEWUSSTE MENSCHEN SIND GUT IM ERSTELLEN VON L-I-S-T-E-N.

40.

Ich nenne es die »elementare To-Do-Liste«. Sie ist einfach und schlicht. Aber kein Instrument ist wichtiger. K-E-I-N-E-S. Nennen Sie es Zeitschiene/To-Do-Liste/Meilensteinfahrplan.

Dieses Instrument muss bis zum Gehtnichtmehr einfach sein. (Bitte, wenn Sie wollen, verwenden Sie komplexe Projektplanungs-Software; ich jedenfalls schwöre – *mit Blut, wenn nötig* – auf die »elementare To-Do-Liste«.)

Machen Sie sich zum selbst ernannten M.F. – Meilenstein-Fanatiker. Oder Z.T. – Zeitplan-Tyrann.

D e r   K e r n

Ich erinnere mich an meine erste Begegnung mit der Macht des Zeitplans. Ich arbeitete für ein Start-up-Unternehmen. Wir redeten ... und redeten ... und redeten immer weiter. (S-e-h-r nützlich.) Wir planten ... und planten ... und planten immer weiter. (Sehr nützlich.) Und dann ... an einem Wochenende ... erbot ich mich freiwillig, einen »einfachen« Zeitplan zu erstellen.

WOW! Die Realität schlug zu!

Das heißt, die Zuordnung realer (wenn auch über den Daumen gepeilter) Termine zu »Dingen, die getan werden müssen, bevor andere Dinge getan werden können«, war ein echtes Aha-Erlebnis. Ich lernte in einem Tag intensiver »Zeitplanung« – buchstäblich! – mehr als in einem Monat abstrakter Planung/Diskussion. Plötzlich rückte alles an seinen Platz. Ich wusste genau, *was* zu tun war und *wann*. Der Effekt war schlechterdings überwältigend.

Das brachte mich an die Spitze. (Ich war bereits ziemlich weit oben.) Der Zeitplan … *bringt's*!

Die Festlegung einer Folge miteinander verknüpfter Termine, die Sie dazu veranlassen, Ihr Produkt in, sagen wir, sieben Monaten öffentlich zu lancieren, ermöglicht Ihnen eine realistische Einschätzung, in welchem Zeitrahmen bestimmte, elementare Aufgaben erledigt werden können/müssen. »Produkteinführung am 11.10.99« klingt absolut harmlos am 11.10.98. Aber wenn Sie sich die 24 (oder 244!) Dinge vergegenwärtigen, die zwischen jetzt und später liegen, … und entdecken, dass beispielsweise eine teuflisch schwierige Aufgabe in den *nächsten zwei Wochen* (Riesenchance!) … über die Bühne gehen muss, nun, dann können Sie sich auf einen Adrenalinschub ungeahnten Ausmaßes gefasst machen.

Seit meiner »Erleuchtung« bin ich ein Zeitplan-Fanatiker geworden, … ein Zeitplan-Derwisch. Ich denke, es gibt kein wirksameres und machtvolleres Instrument! (*Punkt!*) **Zeitpläne + wichtige Meilensteine = Effektive »Planung«.** Vergessen (oder verbannen) Sie alles modische Zeug. Ich behaupte, dass nichts mit dem Zeitplan mithalten kann.

(Wieder: Es gibt komplexere Varianten davon. ZUM BEISPIEL PERT/Program Evaluation and Review Technique. Ich habe über dieses Thema meinen Ingenieursabschluss gemacht. Aber die große Idee lautet: Halten Sie es einfach – und klar. Das heißt: Zeitpläne schlagen PERT-Diagramme. Vertrauen Sie mir.)

T.D.L./Zeitplan-Tyrann!

1. Erstellen Sie auf der Basis dessen, was Sie *derzeit* wissen (wenig, viel) einen Zeitplan für die nächsten **18 Monate**. Gewiss, viele/die meisten/alle späteren Termine sind wilde Schätzungen. Macht nichts. Wenn irgendein Punkt auf dem Zeitplan verrückt/unmöglich/lächerlich aussieht, haben Sie möglicherweise ein g-r-o-ß-e-s Problem. Denken Sie darüber nach.

2. Kurzfristige Zeitpläne sind unabänderlich. Die Zusage für einen Meilenstein in drei Wochen ... ist eine **Zusage**. *Aber* sie – die Meilensteine – sind auch flexibel. (Die Dinge ändern sich.) Halten Sie also *jeden* Zeitplan ein. (Übernehmen Sie die Rolle des Historikers und Projektgewissens.) *Aber* aktualisieren Sie regelmäßig; jede Woche. (Zu einer festgelegten Zeit.)

3. Hängen Sie die gegenwärtige Zeitplan-Meilenstein-»Liste« ... IN GROSSFORMAT ... sichtbar aus. (Ebenso elektronisch.) Die Relevanz des Zeitplans ist sowohl psychologischer – Dringlichkeit erzeugender – wie rationaler Art.

3a. Wiederholung: *Hüten Sie sich vor »ausgeklügelter« Planungssoftware. (Auch hier.) Wie bei kunstvollen Listen kommen Sie sich damit klüger vor, ... als Sie sind. Die Macht des Zeitplans resultiert in erster Linie aus seiner Einfachheit. Botschaft Nr. 1:* LASSEN SIE DEN ÜBERFLÜSSIGEN MÜLL DRAUSSEN!

40a.

Der Kern

Meine Frau und ich befinden uns in den letzten Zügen eines Bauprojekts. Mehr oder weniger. Und dieses »Weniger« ist das Problem! Das heißt, wir treten bei »98 Prozent« auf der Stelle … seit Monaten.

Was mich von neuem daran erinnert, wie sehr jedes Projekt einen »Vollender« braucht, einen Mann/eine Frau für die letzten zwei Prozent.

Sie/er ist ein bisschen wie der oben beschriebene Zeitplan-Tyrann. Aber auch wieder anders: Dies ist eine eigene Kunst!

Die Wahrheit ist, ich liebe die Arbeit der »letzten zwei Prozent«. Diese letzten drei Durchgänge durchs Manuskript, … bei denen jede Wortveränderung großes Gewicht hat; Sie finden s-c-h-l-i-e-ß-l-i-c-h überall die »richtige« Formulierung.

Oder: Sie entdecken diesen ungemein peinlichen Fehler, … der Sie umgebracht hätte, wäre er in Druck gegangen.

Oder: Sie tauschen zwei Kapitel aus … und die ganze Argumentation macht mehr Sinn. Oder …

Wenn Sie das lieben, steht es gut um Sie. Wenn Ihnen die letzten zwei Prozent ein Graus sind, sind Sie … nach diesem Buch … in Schwierigkeiten. Das heißt …

Es bedarf eines gewissen Maßes an Fanatismus in Bezug auf die letzten zwei Prozent, um aus einer »ordentlichen Arbeit« ein »WOW!-Projekt« zu machen.

»Vollender« sind die Diamanten unter den Menschen! Jedes Projekt braucht einen!

T.D.L./Die Macht des Vollenders!

1. Machen Sie sich das Problem ... die Chance ... und die Tatsache bewusst, dass dies nicht jedermanns Sache ist.

2. Rekrutieren Sie Ihren Mann/Ihre Frau für die letzten zwei Prozent! Fragen Sie herum: Suchen Sie einen erfahrenen Vollender.

3. Schützen Sie ihn gegenüber dem Vorwurf, ein »hoffnungsloser Erbsenzähler« zu sein. (Schließlich ist das sein Job!)

4. Belohnen Sie ihn wie ein vollwertiges Teammitglied. (Ebenso wie Baseballteams ihre »Closer« belohnen. Einige – wie Dennis Eckersley, ehemals Reliever bei Oakland A – gewannen den begehrten Cy Young Award als beste Pitcher in der League.)

41.

Eine »obligatorische«, *höchstens* 15-minütige 8-Uhr-Besprechung, in der wir Meilensteine, Bedarf an gegenseitiger Unterstützung und Konflikte des Tages umreißen, kann die Rettung bringen.

Ebenso, wenn es während des Tages »knirscht«: Setzen Sie eine »15-Minuten-Besprechung« an, ... und finden Sie heraus, woran es hapert.

Wenn Sie die »Maximal-15-Minuten«-Regel beherzigen, werden Sie entdecken, welches wirksame Implementierungsinstrument Ihnen damit zur Verfügung steht.

Der Kern

Die höchstens 15-minütige Besprechung bildet eine weitere Komponente Ihrer »Die-Einfachheit-macht's«-Losung/Kampagne. Ich habe diesen Prozess hautnah bei CNN beobachtet. Und ich hörte davon bei den alten/sagenumwobenen Lockheed Skunk Works. Und ... probierte es selbst. Und ... trichterte es anderen ein. Kurz:

Es funktioniert.

Wenn Menschen 15 Minuten haben, um über alles Wichtige zu sprechen, dann gelingt ihnen dies auch in dieser Zeit. Es bleibt kein Raum für überflüssiges Zeug, für lange Predigten, für unnötige Respektbezeugungen. Die Menschen lernen, sich klar und kurz zu fassen (ein zusätzlicher Trainingseffekt). Verschwunden sind all die kleinen, Zeit vergeudenden Rituale, die so viele Sitzungen in endlose Hängepartien verwandeln. Die Routine der höchstens 15-minütigen Besprechung sendet im Sinn von *Aktion, ... Klarheit, ... Kürze, ... Fokus, ... Einfachheit* eindeutige Signale aus.

Natürlich verlangt die Architektur des Projektmanagements Besprechungen jeder Art. Aber diese eine Variante bildet eine Klasse für sich: *die* Besprechung zum Tagesbeginn, ... ein unglaublich *kurzes* ... **geheiligtes** Ereignis, das so viele »aktuelle« Themen wie möglich zur Sprache bringt ... im Blitztempo, ... und sie abhakt ... im Blitztempo.

T.D.L./Besprechungen im **Blitztempo.**

1. Also, ... **tun Sie es/setzen Sie** Ihr erstes »15-Minuten-Meeting« an (im Stehen) – in den nächsten 24 Stunden. (Und, sagen wir, alle weiteren 24 oder 48 Stunden.) Tagesordnung: **(1)** Was ist in den letzten 24 Stunden geschehen? **(2)** Was steht heute auf dem Plan? Und **(3)** nichts mehr!

2. Lassen Sie es niemals 16 Minuten werden. (Vierzehn hingegen ist perfekt.) **VERWENDEN SIE EINE EIERUHR.**

3. Delegieren Sie in Ihrer Abwesenheit (als Projektleiter), ... das heißt: Lassen Sie die Besprechung durchführen, sobald auch nur drei Leute – von 14 – zugegen sind. **ABER LASSEN SIE SIE STATTFINDEN! MIT GEHEILIGTER REGELMÄSSIGKEIT!** Stellen Sie sicher – in der Art: »Welchen Teil von ›Nein‹ hast du nicht verstanden?« –, dass *niemand* den Besprechungen fernbleibt. (Punkt.)

42.

Kein Ereignis oder Erfolg ist zu unbedeutend, um nicht für eine kleine Feier gut zu sein. Die Idee dabei ist, die Truppen in Stimmung zu halten … und die Welt drumherum neugierig zu machen.

Der Kern

Verwirklichung – von WOW! jeder Art – ist ein hartes Geschäft. Unerwartete Rückschläge: Das Material trifft nicht ein, … ein »Fürsprecher« wendet sich gegen Ihr Team, … eine wichtige Teamkollegin wird gerade in dem Augenblick zu einer anderen Tätigkeit abgezogen, wo sie am meisten gebraucht wird.

Resultat: Wie in der endlosen, 162 Spiele umfassenden Baseball-Saison der Major League ist es die Hauptaufgabe des Managers (in unserem Fall des Projektleiters) zu verhindern, dass der Enthusiasmus erlahmt.

Kurz: Die besten Projektleiter sind gnadenlose Enthusiasten. (»Ich bin ein Enthusiasmusverbreiter« – Benjamin Zander, hochgeschätzter Dirigent des Boston Philharmonic Orchestra und renommierter Management-Guru.) Sie suchen nach der fadenscheinigsten Entschuldigung, um … zu f-e-i-e-r-n/zu loben/zu jubeln/zu applaudieren/anzuspornen … und die Mannschaft in Stimmung zu halten.

»Enthusiasmusverbreiter«: Das (genau) ist der Trick! Trifft das auf Sie zu? Wenn »ja«, ... sind Sie sicher? Wenn »nein«, ... was gedenken Sie zu tun? In den nächsten zwei Stunden? (Persönlichkeit ist wahrscheinlich wichtig; aber meiner Erfahrung nach können Sie lernen, ein Enthusiast zu sein ..., zum Beispiel können Sie sich spontanes Feiern zur Gewohnheit machen.)

T.D.L./Antriebsmanagement!

1. Was – *genau* – haben Sie in den letzten

2/12/24/48 Stunden

getan, um »die Mannschaft in Stimmung zu halten«? (Falls nichts: Schämen Sie sich!)

2. Suchen Sie bewusst – **täglich!** – nach Gelegenheiten, um etwas ... egal, wie unbedeutend ... zu feiern?

3. Sind Sie ein »Meister des T-Shirts«? Meister der ... Kugelschreiber, ... Spruchbänder, ... Extras für treue Kunden? Meister des Symbolischen, das das Projekt weiterbringt? Hinweis auch hier: **Diese Eigenschaft lässt sich erlernen!**

4. Präsentieren Sie Ihrer Crew in den nächsten 48 Stunden irgendein konkretes Symbol (wie wär's mit einem Kuchen in Form ... Ihres Projekts?) ihrer großartigen Arbeit und Ihres WOW!-Projekts.

42a.

Denken Sie an das, was Projektdesign-Guru David Kelley sagt: »Belohnen Sie Erfolg und Misserfolg gleichermaßen. Bestrafen sie Untätigkeit.« Dies ist leicht zu schreiben, aber für viele Traditionalisten höllisch schwer zu begreifen – geschweige denn auszuführen.

Der Kern

Es ist axiomatisch: Wenn die schnelle Erprobung von Prototypen die herrschende Religion ist, ... dann ist der unmittelbare Fehlschlag der naheliegende – und ersehnte – Heilige. (Nun, der eigentliche Heilige ist natürlich der schnelle Triumph, aber der unmittelbare Fehlschlag ist auf der Suche nach ... dem schnellen Triumph.)

Es **ist** axiomatisch: Schnelle Anwendung führt rasch zu Misserfolgen. Welche – natürlich – zu schnellen Korrekturen führen. Welche – natürlich – zu raschen Erfolgen führen. *Und das ist die ganze Erkenntnis.*

Und: Sie fehlt in den meisten – 98 Prozent? (wahrlich) – der großen Organisationen.

Also, ... im Ernst ... **F-E-I-E-R-N SIE DIESE ERSTEN MISSERFOLGE!** Denken Sie an das, was Phil Daniels, Seminarteilnehmer in Sydney, sagte: *Belohnen Sie* ... exzellente/noble/ehrenhafte/coole ... Misserfolge! *Bestrafen Sie mittelmäßige Erfolge!*

WOW!-Projekte sind das genaue Gegenteil von »mittelmäßigen Erfolgen«. Und, um die Wahrheit zu sagen: Das Streben/Greifen/Drängen nach WOW! kann und wird zu … ja … Projektfehlschlägen führen. Jedoch ist es – in meinen Augen – verdammt viel besser, nach einem WOW! zu streben, das mit lautem Knall »explodiert« … als Monate (oder Jahre?) mit WOW!-losem, unspektakulärem »Erfolg« zu verschwenden. Also feiern Sie solche Fehlschläge, … Produkte des Strebens nach Spitzenleistung, das über's Ziel hinausschießt. (Und gelegentlich *gewaltig* darüber hinausschießt.)

T.D.L./**Begrüßen** Sie Misserfolge!

1. Haben Sie (als Projekt-/Abteilungsleiter) – *diesen Monat* – Teammitglieder gelobt, die nach den Sternen gegriffen … und sich statt dessen eine Beule geholt haben? Dies soll kein Witz sein:

ICH SPRECHE DAVON,
»EXZELLENTE« FEHLSCHLÄGE ZU FEIERN!
A-U-S-D-R-Ü-C-K-L-I-C-H!

2. Erwägen Sie eine wöchentliche Auszeichnung im Sinn von »Best Screw-up«. Zum Beispiel eine bronzene Schraube, die der Ausgezeichnete eine Woche lang behält. *Warum nicht?*

3. Erzählen Sie Geschichten über das Greifen nach den Sternen … öffentlich, regelmäßig …, auch wenn das **(regelmäßig)** zu Rückschlägen **(und gelegentlich zu großen Rückschlägen)** führt. Machen Sie unmissverständlich klar, dass Sie mit diesen Rückschlägen rechnen, dass Sie sie sogar begrüßen/in Ehren halten/**hegen**/f-e-i-e-r-n?

43.

Trotz rekordverdächtigem Tempo: Erhöhen Sie in jeder Runde den WOW!-Einsatz! Beispielsweise muss *jeder* schnelle Prototyp schön/WOW! sein. Und: Unternehmen Sie mit Ihrem Team von Zeit zu Zeit einen eintägigen Ausflug, um gemeinsam die allgemeinen WOW!-Prinzipien zu reflektieren. Und fragen Sie die von Ihnen geschätzten erfahrenen Ratgeber regelmäßig:

»SIEHT ›ES‹ IMMER NOCH NACH ›WOW!‹ AUS?«

Der Kern

Botschaft: Vernachlässigen Sie niemals WOW!/SCHÖNHEIT/REVOLUTIONÄRE/BEGEISTERTE FANS/EFFEKTIVITÄT! Der Schwerpunkt des Abschnitts »Implementierung« liegt auf Tempo/Aktion: Probieren Sie es! Testen Sie es! Lassen Sie es schief gehen! Korrigieren Sie es! JETZT!

Und ich stehe – voll und ganz! – hinter dieser Schwerpunktsetzung als Implementierungsregel Nr. 1.

Dennoch: Im Eifer des Testens-Korrigierens-Testens darf das WOW! (etc.) nicht in den Hintergrund geraten.

Es ist das Einfachste auf der Welt. Sie sind voll in Fahrt. Und die erfolgreichen Versuchsergebnisse strömen nur so herein. ABER ... IST ES NOCH **UNGLAUBLICH COOL**? Denn wenn nicht, ... dann hilft Ihnen alles Tempo der Welt nicht von der Stelle! Halten Sie sich wieder an die

Grundprinzipien (gemäß diesem Buch): Geben Sie um nichts in der Welt diesen Leitgedanken/die Inspiration/das WOW! preis.

T.D.L./Besinnen Sie sich auf WOW!

1. Sprechen Sie j-e-d-e-n Tag über WOW!. Kein Scherz! *(Verdammt.)*

2. Schreiben Sie WOW!-Memos (zum Beispiel regelmäßige E-Mails), um jedermann wieder auf WOW!-Kurs zu bringen ... egal, wie dringend die unmittelbaren Aufgaben sind.

3. Wenn die halbe Projektstrecke zurückgelegt ist, ... **fahren Sie gemeinsam mit Ihrem Team irgendwohin** ... und erörtern Sie gemeinsam, ob das Projekt fortgeführt werden soll oder nicht.

Das heißt: **Wird es WOW! sein?!**

44

EIN WOW!-PROJEKT HAT IDENTITÄT,
... SEELE, ... CHARAKTER.

Also, ... fördern Sie aktiv diesen »Projektcharakter«.

Der Kern

Identität ist alles. Das erzählen uns kluge Marketing-Spezialisten, ... um uns den anhaltenden Erfolg von Coke, ... IBM, ... BMW ... und die neuen Erfolge von Starbucks, ... Nike, ... Intel zu erklären.

Aber ist »Identität« den Markennamen großer Unternehmen vorbehalten? Ich denke nicht. Ich denke sogar, dass die Erzeugung (und Wahrung) von Identität – auf Starbucks-/BMW-Art – ziemlich genau den Kern der »Implementierungskunst« eines WOW!-Projekt-Champions/-Projektmanagers ausmacht. (Obwohl Sie natürlich – **wie üblich!** – nicht einmal eine Andeutung dieses Aspekts in irgendeinem Projektmanagement-»Führer«/»Handbuch« finden werden!)

WOW!-Projekte = Charakter = Persönlichkeit = Marke = Identität.

T.D.L./Identität! Charakter!

1. »Was geschieht hier? Was versuchen wir zu tun? **WOFÜR STEHEN WIR?**« Arbeiten Sie mit Nachdruck an diesen Fragen. Sie machen einen großen Teil der »Implementierungsroutine« aus. Schließlich: Wozu betreiben wir »Implementierung«, wenn nicht, um für etwas Einzigartiges/Großes zu stehen?

2. *Was* **ist** *Identität?* Sprechen Sie darüber mit Ihrem Team ... im Allgemeinen ... im Kontext Ihres Projekts mit WOW!-Anspruch.

3. Kontaktieren Sie eine »Identitätsberaterin« unter Ihren Freunden – oder den Freunden Ihrer Freunde. Laden Sie sie zum Mittagessen ein. Bitten Sie sie, Ihrem Team etwas über Identität à la Starbucks zu erzählen, ... mit Blick auf Ihr »profanes« Projekt. (Denken Sie an meine Position: *Kein* Projekt hat es nötig, »profan« zu sein. Jedes beliebige Projekt kann Ausgangspunkt für Transformation und WOW! sein.)

4. In eigenem Interesse: Lesen Sie unser geplantes Buch *TOP50 – Design+Identity*. (Wir haben es eben deshalb in diese Reihe aufgenommen, weil wir zutiefst davon überzeugt sind, dass Identität – des Projekts, des Individuums – unentbehrlich ist für den Erfolg in der neuen Weltordnung, ... in der das schicksalhafte Axiom lautet: Hervortreten oder abtreten!)

45.

Irgendwann müssen Sie Ihr Projekt stärker in Richtung Mainstream bewegen. Nicht zu früh. Aber irgendwann.

Das heißt ... Sie müssen beginnen, auch das Establishment zu umwerben.

Verbreiten Sie – gezielt – nach und nach Erfolgsstorys über Ihre Praxistests. Veranstalten Sie ein paar »öffentliche« Informationsrunden. Fügen Sie Ihrem wachsenden, zunehmend breiter gefächerten Beratergremium ein paar Leute aus dem Establishment hinzu.

D e r K e r n

Im Verlauf des Projekts müssen Sie (ironischerweise) den Mantel des aufsässigen Revolutionärs abwerfen und den »Feind«/das Establishment umgarnen **(ja ... umgarnen!)**. Sie müssen Ihr Netz entschlossen – und elegant! – nach dem ungläubigen (verärgerten) Thomas von gestern auswerfen.

Es ist einfach: Wenn sich »Ihre Sache« in Richtung »Mainstream« bewegen soll, dann, he, **müssen** Sie sich enthusiastisch mit dem Mainstream verbünden.

T.D.L./Verzaubern Sie das »Establishment«

1. Wechseln Sie die Fronten: Runter mit der Piratenflagge. **Es geht in Richtung Mainstream, Baby!**

2. Erstellen Sie einen förmlichen – rigorosen/energischen! – Plan für die Vermarktung Ihres Projekts an das Establishment. Beginnen Sie zum Beispiel mit einer Serie von Informationsrunden – **25 in 25 Tagen?!** –, um Ihre (inzwischen weitgehend ausgereiften) Ergebnisse den Mainstream-Anhängern/Buchhaltern/Systemgläubigen schmackhaft zu machen. Laden Sie sie zu Präsentationen ein (und bringen Sie Ihre Show »auf die Straße«, ... das heißt, bringen Sie die Vorführung zu ihnen).

3. Ergänzen Sie Ihr Team um Leute aus dem Establishment! Okay, ... vor nur drei Monaten wetterten »sie« gegen Ihr Projekt. In einem rauhen Ton! Aber jetzt brauchen Sie sie.

Also rekrutieren Sie sie ...,

lieben Sie sie ...,

benutzen Sie sie ...,

lassen Sie sich benutzen ...,

gemeinden Sie sie ein ...,

geben Sie ihnen das Gefühl, »zur Familie zu gehören«

(auch wenn es Ihnen fast den Magen umdreht!).

46.

DER SCHLÜSSEL ZUR ERFOLGREICHEN IMPLEMENTIE-RUNG LIEGT AM ENDE NICHT DARIN, DIE OBEREN CHARGEN ZU ÜBERZEUGEN; WICHTIG SIND JETZT VIELMEHR DIE FRÜHEN ANWENDER, DIE ÖFFENTLICH UM MEHR ... MEHR ... MEHR BETTELN. SO LAUT BET-TELN, DASS DIE OBEREN SIE (ODER I-H-R-E S-A-C-H-E!) NICHT MEHR IGNORIEREN KÖNNEN.

Zum Beispiel: Arbeiten Sie buchstäblich vom ersten Tag an aktiv an der »Mund-zu-Mund-Propaganda« für Ihr Projekt. Sammeln und publizieren Sie »kleine« Erfolgs-storys und Referenzen. (Hinweis: Gute Storys = Gutes Marketing.)

Der Kern

Botschaft:
Erfolgreiche »Implementierung« bedeutet frühe Kunden, die uns und unser Projekt lieben und uns begeisterte Zeugnisse ausstellen werden.

Ich bin so irritiert! (Wiederholung!) Frühe-Kunden-als-unsere-wichtigsten-Fürsprecher kommen in der Literatur zum Thema »Projektmanagement« nicht vor. Auch hier: Wie unglaublich kurzsichtig!

An diesem Punkt unseres WOW!-Projekts sind wir ganz und gar auf Expansion/Verkauf eingestellt. Wir erweitern unser Netz von Anhängern. Und arbeiten gleichzeitig an unserem Anwendernetzwerk.

Wir brauchen jetzt eine Teamkollegin (eine ... oder mehrere), die unsere wachsende Anwendergemeinschaft »managt«.

Unsere zentrale Aufgabe ist jetzt der Aufbau einer breit gefächerten Anwendergemeinschaft.

T.D.L./Anwender als extrovertierte Fans!

1. Machen Sie einen Termin für ein gemeinsames Anwendertreffen ... **heute.** Machen Sie aus Ihren Anwendern einen lauten, aber organisierten Fanclub, während Sie die Reichweite des Projekts vergrößern. Ernennen Sie jemanden im Team – oder einen Neuzugang – zum Anwender-Koordinator. Das heißt:

Formalisieren und **systematisieren** Sie den Prozess.

2. B-e-n-u-t-z-e-n Sie die Anwendergemeinschaft für Ihre Zwecke! Dies gehört zum »Verkauf«, ... gewiss. Aber nun beginnt eine Phase der Verfeinerung Ihrer Projektergebnisse. Die realen/Mainstream-Anwender sind für Dutzende von kleinen Verbesserungsvorschlägen gut, die den Ausschlag für den Erfolg ... oder das Scheitern ... des gesamten Projekts geben können. (Ja, erbärmliches Scheitern – oder ein »mittelmäßiger Erfolg« – sind immer noch möglich. Vergessen Sie das nicht!) Noch einmal: *Systematisieren* Sie diesen Prozess des Sammelns/Absorbierens von Anwender-Input.

47.

Leider sehen das die wenigsten so. Der gewöhnliche »Beschäftigte« geht üblicherweise davon aus: »Wir machen es, also werden die Kunden schon kommen.« Verheerend!

Die Schlüsselidee, Wiederholung: **Aufsehen entsteht nicht von allein.** Sie können aber nachhelfen – mit Zeit ... und Geld. Ohne formelles A.M.P. ... keine Verbreitung!

Der Kern

Jetzt – wo die Implementierungsphase immer stabiler wird – brauchen wir ein offensives Marketing. Marketing durch Marketing.

**Ohne Marketing
sind Sie n-i-c-h-t-s.**

Marketing/PR/Aufsehen/Mund-zu-Mund-Propaganda bilden offensichtlich eine eigenständige Disziplin. Ist es an der Zeit, eine »echte« Vollzeit-Marketingkraft für die Endphase des Projekts einzustellen – oder anderweitig zu »organisieren«? Vielleicht!

Eine allgemeine Lektion, die wir aus der »Teamforschung« lernen können: Verschiedene Phasen des Programms/Projekts erfordern unterschiedliche Arten von Führung. Vielleicht ist es jetzt an der Zeit, die De-facto-Führung dem heimlichen Marketing-Guru des Teams zu übergeben, ... oder einem externen Spezialisten für diese

Aufgabe. DENKEN SIE – AUSGIEBIG UND GRÜNDLICH –
DARÜBER NACH!

T.D.L./Attention-Management!

1. Machen Sie sich kundig über die Durch-
führung großer Projekte/Produkte: der erste Mac von
Apple, ... Windows 95, ... der MACH3 von Gillette, ... der
neue Käfer von VW. Nehmen Sie Marketing/Aufsehen/
Mund-zu-Mund-Propaganda ernst ... als eine strategische
Aufgabe, die Ihre ganze Aufmerksamkeit verlangt. Diese
Aufgabe ist legitim – »kein Rauch ohne Feuer« – und will
sorgfältig bedacht sein.

2. Ernennen (oder akquirieren) Sie einen
Attention-Manager. (Jetzt.)

3. Entwickeln Sie einen formellen Marketing-
Plan ... selbst, wenn es sich um ein Sechs-Wo-
chen-Projekt handelt. (Egal: Verkaufen *g-e-h-ö-r-t*
dazu!) Gehen Sie bei der Erstellung des Attention-Mana-
gement-Programms genauso fantasievoll/energisch vor,
wie bei der »eigentlichen« Projektentwicklung. Dies ist
ein Punkt, an dem alles auseinander fallen kann, ... wenn
Sie nicht s-e-h-r gewissenhaft sind. Und s-e-h-r aufmerk-
sam.

REPRISE:
IMPLEMENTIEREN!
MEIN EINSTANDS-
WOW!-PROJEKT

Bei McKinsey & Co. war ich derjenige mit dem komischen kleinen Projekt. Es entwickelte sich zu *Auf der Suche nach Spitzenleistungen*. (Und für McKinsey & Co. zu einem wichtigen Programm/einer Kernkompetenz.) Hier ist meine Einschätzung im Rückblick:

1. Seien Sie naiv. Nichts hilft so sehr wie Nichtwissen, selbst wenn dies beabsichtigt ist. Zen-Buddhisten nennen es die Kultivierung der »Denkweise des Anfängers«. Ich fing wirklich bei Null an, ... indem ich bei McKinsey »etwas bewegen« wollte. Hätte ich damals über McKinsey gewusst, was ich heute weiß, hätte ich die Aufgabe niemals übernommen. (Wie gut, dass ich nicht wusste, was ich nicht wusste.)

2. Sie müssen an etwas glauben ... und ein Anliegen haben. Ich glaubte wirklich an mein Projekt zur Effektivitätssteigerung in Organisationen. Und ich war wirklich überzeugt, dass McKinsey alles verkehrt machte, das heißt, viel zu viel Betonung auf Strategie und viel zu wenig auf Organisationskultur und Implementierung legte.

3. Seien Sie bereit, einzustecken. Ich bezog Prügel von einigen der Besten und Gescheitesten ... und Mächtigsten bei McKinsey. Ich bin normalerweise eher scheu, ... aber glaubte an mich selbst (ich liebte, was ich tat!), also habe ich mich reingehängt. (Vier Jahre lang, ... dann ... war es genug.)

4. Sie brauchen – unbedingt – ein paar Gefährten. Ich hatte einen richtig guten Freund (Allan Kennedy). Er war höllisch gescheit, und seine Unterstützung – sein Glaube an mich und den Wert des Projekts – waren ausschlaggebend.

5. Ich habe mich abgerackert. Der Exzentriker/Umstürzler – in diesem Fall ich – muss belastbarer erscheinen und härter arbeiten als seine Gegner.

6. Werfen Sie Ihr Netz weit aus. Ein anderer Mentor bei McKinsey, Allen Puckett, brachte mir bei, Verbündete von (sehr) weit und (sehr) fern an Land zu ziehen. Ich hatte eine großartige Gruppe wundervoller Anhänger. Das half – sehr.

7. Um wirklich e-t-w-a-s z-u b-e-w-i-r-k-e-n, müssen Sie das Thema neu gestalten. *Ich/wir endeten damit, dass wir die Grundidee der »Effektivitätssteigerung in Organisationen« neu definierten – im Kontext von McKinsey … und, in gewissem Maß, in der Welt.*

8. Es muss ein Konzept ergeben. Unter (kräftiger!) Mithilfe meines Freundes und Bosses Bob Waterman entwickelten und verbreiteten wir ein nachvollziehbares Paradigma. (Ich hasse die inflationäre Verwendung des Begriffs, aber hier scheint er mir angemessen zu sein.) Wir stellten ein »kohärentes Modell« auf – den so genannten »McKinsey 7-S Framework«, der auch von den Mainstream-Leuten in der Firma verstanden … und angewendet werden konnte. (Und immer noch wird … 20 Jahre später!)

9. Wiederholen Sie. Ich spielte … und spielte immer weiter. Ich gab niemals vor, am Ziel zu sein.

10. Gehen Sie ... früh ... an die Öffentlichkeit.
Es war beängstigend, ... aber ich/wir machten unser Projekt von Anfang an publik ... mit der Veröffentlichung von Artikeln, mit Seminaren. Wir mussten einiges einstecken. Aber wir lernten viel. Schnell. (Untertreibung.)

11. Bilden Sie ein Netzwerk von »Nobodys«. Einige »meiner« frühen Anhänger sind jetzt berühmte Männer und Frauen. Damals waren sie es nicht. Mein Punkt: Suchen Sie »coole«, engagierte Leute. Fragen Sie nicht, ob sie eine Position innehaben oder nicht.

12. Rekrutieren Sie ... bis zum Überdruss. Um meine Ideen »in das System« zu infiltrieren, musste ich gewissermaßen ständig Leute anwerben. Nur durch das Weben eines weltweiten Netzes hatte ich die Chance, etwas Dauerhaftes zu hinterlassen.

13. Weit weg = Gut. Ich war 3000 Meilen von der Zentrale entfernt (San Francisco – New York). Das half!

14. Pflegen Sie Ihre Position als »Außenseiter«. Bei McKinsey gab es ein anderes, parallel laufendes Projekt, das (viel) größer war. Also ... wurde von uns wenig erwartet. Das war von Vorteil. (Wir schlichen uns heran!)

15. Lehnen Sie sich w-e-i-t aus dem Fenster. Wir veranstalteten ziemlich zu Anfang des Projekts eine große Präsentation – ein fünftägiges Seminar mit sehr hochrangigen Besuchern. Es war ein G-R-O-S-S-E-S Wagnis. Und ein lohnendes. (Im Nachhinein.) Wir demonstrierten damit, dass wir realistisch/solide/aufregend genug waren, um die Aufmerksamkeit einiger wichtiger Leute zu erlangen.

16. Suchen Sie sich eine gute Rückendeckung. Ich hätte nicht überlebt, hätte ich nicht eine gute Rücken-

deckung gehabt, ... nämlich Bob Waterman, einen intelli-
genten, gleichwohl zum Establishment gehörenden Menschen.

17. Bleiben Sie ruhig. Ich hatte eine Mission. Ich
war ein Überzeugter. Ich lehnte konventionelle Rezepte
ab ... in einer sehr stolzen Institution. Aber ich bekam einen guten Rat: SEI NETT! Das heißt, seien Sie nicht einge-
schnappt – nehmen Sie es nicht persönlich – wenn die
Dinge nicht in Ihrem Sinn laufen. Bleiben Sie cool, wenn
Sie etwas ärgert. Seien Sie der Erste bei der Besprechung
... konservativ gekleidet, höflich etc. (Manchmal war das
nicht einfach ... besonders, wenn jemand, den ich nicht
schätzte, meinen Skalp wollte. Und, he, am Ende wurde
ich aufsässig – gegenüber dem Establishment – um meines Projekts willen. Und ich ging. (Übersetzung: Wurde
gegangen.)

**18. Sympathie an der Spitze ist nicht zu verach-
ten.** Wären wir gescheitert, hätte kaum jemand Tränen
vergossen. Andererseits hatten die beiden (großen) Leute
an der Spitze – Ron Daniel und Warren Cannon – Sympathie für unsere/meine Sache.

* * *

Natürlich hat die Geschichte noch viel mehr Seiten.
Aber dies sind die herausragenden Punkte, ... die viele der
zentralen Botschaften dieses Abschnitts unterstreichen.

IV. Aussteigen!

ALLES UND JEDES HAT SEINE ZEIT (GEHABT)!

Mr. Gingrich machte Geschichte. Für den Sprecherposten brachte er außer unverbesserlichem Optimismus und Vorstellungskraft eine gehörige Portion Courage mit. ... Sein Selbstbild war so sehr von seinem Anderssein, seiner Außenseiterrolle bestimmt, dass er es nicht in seinen Kopf bekam, dass er jetzt ein Insider war.

Wall Street Journal, 9. November 1998,
über Newt Gingrichs Rücktritt vom Sprecherposten

Der Architekt/Erbauer des Kanaltunnels ist mit großer Wahrscheinlichkeit nicht der beste Betriebsdirektor. Das liegt auf der Hand. Genauso verhält es sich mit jedem Projekt: Der Enthusiast/Träumer/Verkäufer/unermüdliche Tüftler ist höchstwahrscheinlich ein schlechter Kandidat, wenn es um die tägliche Koordination oder die Verantwortlichkeit für die nötige Feinjustierung geht, um alle Teile des Systems aufeinander abzustimmen. Deshalb kommt eine Zeit, wo es gilt, den Erfolg zu feiern, ... die Zügel aus der Hand zu geben, ... zu gehen, ... sich zu regenerieren ... und sich dem nächsten unmöglichen Traum ... das heißt: WOW!-Projekt ... zu widmen.

48.

Es war »wir« gegen »die« ... und es war ein harter Kampf. Aber jetzt ist es an der Zeit, mit dem Establishment gemeinsame Sache zu machen, wenn wir wirklich die volle Wirkung erreichen wollen. Sie müssen sich vom Aufwiegler/Improvisationstalent in den einfühlsamen Zuhörer/System-, Prozess- und Infrastrukturspezialisten verwandeln.

Das heißt: (1) Sie müssen nett sein zu Leuten, durch die Sie möglicherweise während der letzten acht Monate behindert/boykottiert wurden; (2) Sie müssen die Manuals lieben lernen, die Ihr Projekt zementieren werden. Wohlgemerkt: Realer/dauerhafter Erfolg = Aufgehen im Mainstream.

Im Start-up-Unternehmen ist es der qualvolle Übergang vom »unternehmerischen« zum »professionellen« Management. Den wenigsten fällt der Wechsel leicht. Was bedeuten kann: Die Zeit ist reif für einen anderen Oberbefehlshaber.

Der Kern

Halten Sie die andere Wange hin! Ihr »Kind« – Ihr WOW!-Projekt – wird nur dann eine dauerhafte Wirkung entfalten, wenn es seine behütete »Kinderstube« verlässt und sich im Mainstream behauptet. Die stachelige Haut des Revolutionärs muss der aalglatten Haut des Administrators weichen. **DAS IST EINE T-A-T-S-A-C-H-E.**

1. Erweitern sie Ihr Team. Wieder. *Und* wieder. Und dann wieder. Holen Sie die »Systemspezialisten« ins Boot. Arbeiten Sie

wie besessen

an der Entwicklung eines Manuals/einer Anleitung, die die unternehmensweite Übernahme Ihrer »Ergebnisse« in den Betriebsalltag erleichtert.

2. Bemühen Sie sich um – gute! – Freunde unter den Computerspezialisten. In der Personalverwaltung. In der Finanzabteilung. Wo auch immer. Ebnen Sie den Weg für eine ganz neue Phase des Projekts. Konzentrieren Sie sich bei Ihren »strategischen Mittagessen« (= Anwerbung von Unterstützern) nun statt auf Freaks und Renegaten auf reine, unverfälschte Vertreter des Establishments.

3. Rekrutieren Sie nonkonformistisch angehauchte »Führungspersönlichkeiten« aus allen Schlüsselbereichen – Personalwesen, Informationssysteme, Finanzen etc. – als die neuen Bewahrer Ihres Projekts in der nächsten – entscheidenden! – Phase.

BILDEN SIE SICH NICHT EIN, DASS SIE DIES MIT IHREM PIRATEN-/AUFWIEGLER-TEAM ALLEIN BE-WERKSTELLIGEN KÖNNEN.

Hinweis: **DAS FUNKTIONIERT NICHT!**

48a.

Der Kern

An der Spitze großer Unternehmen sagt man dazu »Nachfolgeplanung«. Meistens lässt diese zu wünschen übrig, ... wird bis zur letzten Minute ignoriert ... oder hoffnungslos politisiert. Dabei ist sie – ohne Übertreibung – der Schlüssel zu Ihrem Nachlass!

Daher rate ich Ihnen von ganzem Herzen: Nehmen Sie die »Nachfolgeplanung« ernst. (Sie ist für das WOW!-Projekt ebenso wichtig wie die Suche nach einem neuen CEO für das Unternehmen.) Wenden Sie Zeit dafür auf ... viel Zeit. Suchen Sie – nah und fern und mutig – einen Nachfolger mit Ihrer Leidenschaft und den richtigen Fähigkeiten für die nächste Phase des Projekts. Verschieben Sie Ihren Abschied, bis Sie Ihr Mögliches getan haben, um einen fabelhaften Übergang zu gewährleisten.

T.D.L./Brillante Nachfolger!

1. Investieren Sie Ihre ganze Energie in die Suche nach einem inspirierten Nachfolger, sobald sich Ihre »Ära« – folgerichtig – dem Ende nähert.

2. Studieren Sie die Nachfolgeplanung. Sprechen Sie mit darauf spezialisierten Beratern.

3. Lassen Sie nicht locker, ... bis Sie »die richtige Lösung« gefunden haben. Oder wenigstens *eine* Lösung.

Wieder:

Dies ist außerordentlich wichtig.

Es erfordert Zeit ...,

Vorstellungskraft ...,

politisches Geschick ...,

emotionale Energie ...

und: eine Prise Un-eigen-nützigkeit.

(Von allem nicht zu wenig!)

49.

POSITIONIEREN SIE IHRE MITSTREITER IM ESTABLISHMENT, ... SODASS SIE DAS WOW! VERKÜNDEN KÖNNEN.

Der Kern

Dahinter stecken zwei w-i-c-h-t-i-g-e Gedanken:

(1) Kümmern Sie sich um »Ihre« Leute. Es sind stolze, gezeichnete Veteranen. Sorgen Sie dafür, dass sie auf den Füßen landen!

(2) Befolgen Sie den Ratschlag meines revolutionären Freundes von der U.S. Air Force, des ehemaligen Chefs des Tactical Air Command, General Bill Creech:

NEHMEN SIE SICH V-I-E-L ZEIT, UM IHRE FREAKS/ABWEICHLER/WOW!-VIRUS-TRÄGER IM GANZEN UNTERNEHMEN IN POSITIONEN ZU BRINGEN, VON DENEN AUS SIE IHR NEUES EVANGELIUM VERBREITEN KÖNNEN.

T.D.L./Bringen Sie die Saat aus!

1. Arbeiten Sie (lang und hart) mithilfe Ihres gesamten Netzwerks, bis Sie für *jedes* Ihrer Teammitglieder einen Platz gefunden haben.

Schlüsselpositionen. Vielleicht keine »Machtpositionen«, ... aber einflussreiche Stellen, von denen aus Sie Ihre gemeinsame, aufrüttelnde Botschaft weit und breit verstreuen können. (Hinweis: Einer der wunderbaren Nebeneffekte: Sie erwerben sich den Ruf eines »Menschen, der für seine Leute sorgt«. Das hilft – außerordentlich! – wenn Sie in Zukunft um Hilfe bitten. Und das werden Sie!)

2. DIES IST V-E-R-D-A-M-M-T WICHTIG.

UND WIRD WEITGEHEND IGNORIERT.

Wenn Sie diesen Punkt vermasseln, ... setzen Sie, ... selbst noch zu diesem späten Zeitpunkt ... den langfristigen Erfolg Ihres Projekts auf Spiel.

50.

MACHEN SIE IHREN WOW!-ERFOLG PUBLIK. FEIERN SIE. UND DANN: AUF EIN NEUES!

Verschicken Sie 100 – oder 250 oder 2500 – »Dankeskarten«. (Verlieren Sie niemals den Kontakt zum »Netzwerk«!)

Geben Sie Ihrem Nachfolger Ihren Segen. Machen Sie ein paar Tage (Wochen!) frei.

Und dann: ... Fangen Sie wieder von vorn an.

So sieht das Leben des WOW!-Projekt-Profis aus.

Zeit zum Feiern!

Feiern Sie Ihren Erfolg! Freuen Sie sich! Schreiben Sie die Geschichte des Teams! Stellen Sie ein Fotoalbum zusammen! Machen Sie Pause! Entspannen Sie sich!

(Und … dann … fangen Sie von vorn an!)

T.D.L./Feiern und verschwinden!

1. Planen Sie – gründlich – eine Riesenmonsterparty. Oder eine ganze Serie von Partys.

Danken Sie großzügig jedem, … der Ihnen auch nur im Mindesten geholfen hat.

Erzeugen Sie eine Aura wachsender Zuversicht … und Unvermeidbarkeit … rund um Ihr Projekt.

Dann … nach dem Schlussakkord … gehen Sie. Rasch. Im Guten.

(IHRE ZEIT IST GEKOMMEN UND . . . VERMUTLICH . . . VORÜBER.)

NACHWORT:
BEI DER SCHÖPFUNG
DABEI GEWESEN?

In dem Film *Patton* steht George C. Scott vor einer riesigen amerikanischen Flagge und ermahnt Armeerekruten. »Und wenn dein Junge dich fragt«, tönt seine Donnerstimme, »›Vater, was hast du während des Zweiten Weltkriegs gemacht?‹, dann brauchst du nicht zu sagen: ›Ich habe in Louisiana Dreck geschaufelt!‹«

Ich steigerte mich selbst in eine ähnliche Rage, als ich im Herbst 1998 vor Tausenden von Systemmanagern sprach, die sich für die Installation von ERP/Enterprise Resource Planning-Systemen interessierten. Diese Systeme, versprach ich, werden der Motor der großen Bürorevolution sein. Aber die meisten Projekte, mit denen sich diese Leute beschäftigten, blieben ziemlich zaghaft – oder schöpften zumindest die Möglichkeiten des Systems bei weitem nicht aus.

Und deshalb erwähnte ich die Patton/Scott-Szene (imitierte Scotts Tonfall, um die Wahrheit zu sagen) und fragte dann: »Und wenn Ihr Sohn oder Ihre Tochter fragt: ›Papa, was hast du während der Großen Wettbewerbsrevolution des Einundzwanzigsten Jahrhunderts gemacht?‹, müssen Sie dann sagen: ›Ich habe in [hier wird keine Stadt verunglimpft] alte Paradigmen geschaufelt?‹«

* * *

Das heißt:
Wo zur Hölle ist das **W-O-W**!?

* * *

Ich kenne alle Entschuldigungen – interne Politik, dröge Bosse etc. – aber keine davon hat wirklich Gültigkeit, denke ich. »Sie sind die Gesegneten«, schloss ich, »die Systemspezialisten, die den Schlüssel zum Safe in Händen halten. Es ist Ihr Spiel, das Sie mitmachen oder nicht mitmachen, ... gewinnen oder verlieren können. Werden Sie mutig in eine von Ihnen gestaltete Zukunft schreiten? Werden Sie WOW! erzeugen? Oder werden Sie auf der Reservebank sitzen und ›mittelmäßige Erfolge‹ produzieren, während die Einmal-in-fünfhundert-Jahren-Revolution an Ihnen vorbeirauscht?«

Die Bewegung!

Ganz schön dreist! Eine Bewegung starten?! Genau das haben wir vor.

Titel: **Arbeit macht Sinn!**

(Oder: Die Anti-Dilbert-Bewegung.)

Uns reicht es mit der Jammerei über böse Bosse. (Oder Firmen.) Es geht – wenn man uns fragt – um unser Leben. Wir werden leben ... oder untergehen. Formen ... oder geformt werden.

Dilbert ist total witzig. (Das heißt, er trifft den Nagel auf den Kopf.) Und da liegt der Haken. Dilbert steht nicht nur für Zynismus (ein Gefühl, dem ich beipflichten kann), sondern auch für die faktische Akzeptanz von Ohnmacht. Ohne Macht ... ausgerechnet in einem der coolsten Augenblicke der Geschichte, in dem es gilt, Zeichen zu setzen. Ohne mich!

Es ist mein Leben. Das ich ganz lebe. Oder gar nicht. Und ich bin verdammt gewillt, es ganz zu leben. Und ich glaube nicht, dass ich damit allein stehe.

Also starten meine Kollegen und ich ... dreist ... eine Bewegung:

Arbeit macht Sinn!

Und wir laden Sie ein mitzumachen. Kosten der Mitgliedschaft: Die Zeit, die Sie brauchen, um **www.tompeters.com** in Ihren Computer zu tippen.

Willkommen an Bord!

(PS: Ihnen ist vielleicht das übergroße  in den vorigen Absätzen aufgefallen. Kein Zufall. Es ist unser Symbol ... das Ausrufezeichen ... ungefähr so weit weg von Dilbert, wie man nur sein kann, was?)

www.tompeters.com

QUELLEN ZUM LESEN UND ANSCHAUEN

WOW!-Geschichten. **Wie der Leser inzwischen weiß, bin ich kein Fan von »Projektmanagement-Literatur«. Aber es** *gibt* phänomenale **»Projektliteratur« – WOW!-Geschichten. Zum Beispiel ...**

GENIALE TEAMS: DAS GEHEIMNIS KREATIVER ZUSAMMENARBEIT von Warren Bennis und Patricia Ward Biederman (1998). Eine brillante, humanistische Analyse der Lockheed Skunk Works, des Disney Feature Animation Unit und anderer »großartiger Gruppen, die WOW!-Projekte durchführen«, wie der Autor sie nennt.

HOT GROUPS: SEEDING THEM, FEEDING THEM, AND USING THEM TO IGNITE YOUR ORGANIZATION von Jean Lipman-Blumen und Harold Leavitt (1999). Ein enger – und rarer – Verwandter des Buches von Bennis und Biederman. Ungewöhnliche Gruppen, die ungewöhnliche Sachen machen. Die Grundlage von Arbeit im neuen Jahrtausend!

THE SOUL OF A NEW MACHINE von Tracy Kidder (1981). Dieser Klassiker dokumentiert Tag für Tag die Entwicklung eines neuen Computers bei Data General. Eine Zusammenfassung findet sich in Kapitel 10 meines Buches *Leistung aus Leidenschaft*. Siehe auch Kidders wunderbares *House* (1985).

THE MAKING OF THE ATOMIC BOMB von Richard Rhodes (1986). Ein dicker Reißer auf den Spuren des Projekts-aller-Projekte: des Manhattan-Projekts.

THE INVENTION THAT CHANGED THE WORLD: HOW A SMALL GROUP OF RADAR PIONEERS WON THE SECOND WORLD WAR AND LAUNCHED A TECHNOLOGICAL REVOLUTION von Robert Buderi (1996). Naher Verwandter des oben genannten Buches.

747: STORY OF THE BOEING SUPER JET von Douglas Ingells (1970). Eine dramatische Geschichte! (Und ein WOW!-Projekt!)

635 TAGE IM EIS: DIE SHACKLETON-EXPEDITION von Alfred Lansing (1999). Die Geschichten über die Erforscher der Antarktis und Arktis sind wahre WOW!-Projekt-Storys. Die Vision. Der »Verkaufsjob«. Die Politik. Die Zusammenstellung des Teams. Die Ekstase. Die Agonie. Dieses Buch über die Antarktisfahrt von Sir Ernest Shackleton steht obenan auf meiner Liste. Siehe auch: *The Worst Journey in the World von Apsley Cherry-Garrard* (1997), über Falcon Scotts letzte Antarktisfahrt. Und zu einem ähnlichen Thema: *In eisige Höhen* von John Krakauer (1999); wieder steckt der Teufel im Detail, in der Politik, ... in der Leidenschaft, wenn es um Erfolg oder Scheitern von WOW!-Projekten geht – in diesem Fall einer Mount-Everest-Besteigung von 1996.

THE DEVIL'S CANDY: THE BONFIRE OF THE VANITIES GOES TO HOLLYWOOD von Julie Salamon (1991). Lernen Sie viel aus dem Fiasko eines Projekts – im Hollywoodstil.

LEONARD BERNSTEIN: REACHING FOR THE NOTE, Videofilm von Susan Lacy (1998). Über jemanden, der in seinen Projekten stets nach dem WOW! griff, es häufig nicht erreichte ... und dennoch der Mann des Musik-Jahrhunderts war.

* * *

Allgemeines. **Bücher über politische und militärische Unternehmungen gehören ebenfalls auf unsere Liste. Der Punkt: Solche Berichte zeichnen das WOW!, die Emotionen, die menschliche Dimension auf, ... all das, was in fast der gesamten »formalen« – und zumeist kontraproduktiven – Projekt/Projektmanagement-Literatur fehlt. Zum Beispiel ...**

THE MAKING OF THE PRESIDENT 1960 von Theodore Harold White (1961). (Siehe auch: *The Making of the President* 1964, 1968 und 1972.)

PRIMARY COLORS: A NOVEL OF POLITICS von Anonymous = Joe Klein (1996). Vergessen Sie Ihr Bild von »unserem Mann« im Weißen Haus; er schaffte es dorthin ... und Sie und ich nicht ... und dieser Weg war ein WOW!-Projekt. (Richtig?)

THE WAR ROOM [Video]/Pennebaker Associates Inc. & McEttinger Films, Inc., Vidmark Entertainment, (1994). James Carville ... ganz nah und persönlich.

ALL'S FAIR: LOVE, WAR, AND RUNNING FOR PRESIDENT von Mary Matalin und James Carville, mit Peter Knobler (New York: Random House, 1994).

PATTON [Video]/Twentieth-Century Fox; Geschichte und Drehbuch von Francis Ford Coppola und Edmund H. North; Regie Franklin J. Schaffner. Patton war ein fantastischer WOW!-Projekt-Typ, ... wenngleich er nicht viel von Politik verstand!

THE RICKOVER EFFEKT: HOW ONE MAN MADE A DIFFERENCE von Theodore Rockwell (Annapolis, MD: Naval Institute Press, 1992). Der Aufbau der Nuklearmarine war ein höllisch schwieriges Unterfangen!

DOC: THE STORY OF DENNIS LITTKY AND HIS FIGHT FOR A BETTER SCHOOL von Susan Kammeraad-Campbell (Chicago: Contemporary Books, 1989). Littkys WOW!-Projekt an der Thayer Highschool in Winchester, NH, hat es in sich! (Ich habe es mit eigenen Augen gesehen.)

* * *

Kreativität. Bei WOW!-Projekten geht es darum, die Welt durch eine neue Brille zu sehen. Ich bin kein großer Fan von Büchern über »Kreativität«. Aber es gibt einige – (sehr) wenige – positive Ausnahmen:

AHA! von Jordan Ayan (1997). Ich habe wohl die Hälfte der Seiten mit Eselsohren versehen, zu meiner eigenen Verwunderung. Siehe auch: *Das Leonardo Prinzip: Die sieben Schritte zum Erfolg*, von Michael Gelb (1998). Ebenfalls ein potenzielles Eselsohrenobjekt!

SERIOUS PLAY von Michael Schrage (1999). Das beste Buch über Innovation, das ich je gelesen habe. Hauptthema: Schnelle Prototypen. Ein wunderbares Begleitbuch dazu ist *Deep Play* von Diane Ackerman (1999).

DANKSAGUNG

Paul Ryder@Ninthhouse, der die Idee zu den »absolut coolen Projekten« hatte. Julie Anixter, die mich fragte: »Was sind für dich die 50 wichtigsten Punkte in Bezug auf Projekte?« (Daher diese Reihe der *TOP50*.) Erik Hansen, WOW!-Projekt-Großmeister für dieses Buch und, zusammen mit Julie A., Chefarchitekt der **Bewegung !**. Sonny Mehta, ... »der Verleger«, der stets für etwas Neues und Interessantes gut ist. Edward Kastenmeier (Knopf) und Sebastian Stuart (persönlich!) ... für inspirierende und gewissenhafte Korrekturen.

Ken Silvia, ... Design-Genie und Mr. ! (Schluck's runter, Dilbert.) Alan Webber, der entschieden mehr Ahnung von der Materie hat als ich, und Cheryl Dahle von Fast Company, die diese Ideen einem ... harten ... Bewährungstest unterzogen hat! Das WOW!-Projekte-Team von Ninth House, bestehend aus Laurie Sain, Leslie Mullens, David Spitzer, Robin Harper, Bill O'Connor, Susan Baldwin und Jeff Snipes. Ron Crossland, Boyd Clarke, Rick King und Madeleine McGrath von der Tom Peters Company, ... die mit Energie und Fantasie den WOW!-Projekt-Workshop auf die Beine stellten. Esther Newberg von ICM, ... die das Buchprojekt mit Gespür und Zähigkeit voranbrachte. Design-Guru Chip Kipp von Knopf, der das »Look-and-Feel« dieser Reihe erfand. Pat Johnson, überzeugter Mitstreiter und Marketing-Maestro von Knopf.

Larry Holman, Bunny Holman, Linda Allin und Joe Brumley von WYNCOM ... für die Präsentation der Seminarreihe *Lessons in Leadership*, die perfekte Plattform für meine Ideen. Patrik Jonsson und Jim Napolitano von Mulberry Studio ... für die Übertragung meiner ursprünglichen Kritzeleien – ja, alle meine ersten Fassungen waren handschriftlich auf gelbem Papier – in ein brauchbares Manuskript. Sue Bencuya ... für Recherche. Elyse Friedman, Martha Lawler und Vincent Renstrom ... für ihr redaktionelles Geschick. Katherine Hourigan, ohne deren Beistand nichts von alledem wahr geworden wäre. ... Mel Rosenthal, die half, Irrtümer und Ungereimtheiten zu eliminieren. ... Andy Hughes und Quinn O'Neill, die aus diesen Worten das gebundene Buch machten, das Sie in Händen halten. ... Merri Ann Morrell, deren enorme Kraftanstrengungen diese Bücher ermöglichten. Ian Thomson und Michelle Rotzin, ... die bei der Tom Peters Company/Palo Alto die Stellung hielten. Dick Anderson, Allen Puckett, Allan Kennedy, Walt Minnick, Bob Waterman und der mittlerweile verstorbene Blake van Leer, ... die mir Unterricht gaben in coolen Projekten.

Und Susan Sargent, ... beste Freundin und Mentorin, ... die mit Mut, Courage und Fantasie WOW!-Projekte »lebt« ... und damit das Vorbild *par excellence* ist.

Tom Peters
Cape Poge, Massachusetts
19. Juli 1999

Tom Peters ist Mitautor von »*In Search of Excellence*« (mit Robert H. Waterman, Jr., dt.: Auf der Suche nach Spitzenleistungen) und »*A Passion for Excellence*« (mit Nancy Austin, dt.: Leistung aus Leidenschaft), und der Autor von »*Thriving on Chaos*« (dt.: Kreatives Chaos), »*Liberation Management*« (dt.: Jenseits der Hierarchien), »*The Tom Peters Seminar*« (dt.: Das Tom Peters Seminar), »*The Pursuit of WOW!*« (dt.: Der WOW!-Effekt), »*The Circle of Innovation*« (dt.: Der Innovationskreis) und der Reihe »*Reinventing Work*« (dt.: Top50). Er ist der Gründer der Tom Peters Company, mit Büros in Palo Alto, Boston, Chicago, Cincinnati und London. Er lebt – dank der Revolution in der Informationstechnologie – mit seiner Familie auf einer Farm in Vermont und einer Insel vor der Küste von Massachusetts. Er ist zu erreichen unter **tom@tompeters.com**.

Tom Peters

präsentiert die Reihe TOP50 – *ARBEIT* NEU ERFINDEN!

Technologie heizt eine Businessrevolution an. Wer überleben will, muss sich rasch anpassen und neu orientieren. In diesen wichtigen Büchern erklärt Tom Peters, was vor sich geht, gibt die nötigen Werkzeuge, um der Herausforderung zu begegnen, und macht Ihnen Mut, … den Schritt zu wagen. Es geht um Ihre Zukunft, und dies sind Ihre Bücher.

PROJEKTMANAGEMENT:

Aufgaben gehören der Vergangenheit an. Um heute zu gewinnen, müssen Sie die Kunst des Projekts beherrschen!

Die Technologie verändert alle Regeln. Starre Hierarchien, Abteilungen und Stellenbeschreibungen sind Geschichte. Heute sind Unternehmensstrukturen fließend, veränderlich und um temporäre Netzwerke herum organisiert, die sich auf ein WOW!-Projekt konzentrieren – eine meisterhaft ausgeführte Arbeit mit großer Wirkung, einem Anfangs- und Endpunkt, einem Kunden, spezifischen Zielen, und einem Ergebnis, mit dem Sie noch in 5(!) Jahren(!) von sich reden machen können.

PROJEKTMANAGEMENT zeigt Ihnen, wie Sie auch die einfachste Routinetätigkeit zu einem WOW!-Projekt *umgestalten* können. *Jeder* Job enthält einen WOW!-Anteil. Es ist entscheidend, diese Essenz zu finden und darauf zu bauen – Unterstützung zu mobilisieren, Prototypen herzustellen, WOW! abzuliefern und dann von vorn zu beginnen. In 50 leicht verständlichen Kapiteln mit über 200 Handlungsvorschlägen zeigt Tom Peters, was das ist: Arbeit, die Sinn macht – coole, aufregende, *denkwürdige* WOW!-Projekte.

tompeters.com

Und jetzt ist es einfach, Tom zu erleben:

 <u>Treffen Sie</u> Tom Peters auf einem eintägigen
Seminar in Ihrer Nähe!
www.lessonsinleadership.com

 <u>Bringen Sie WOW!-Projekte</u>
<u>auf Ihren Desktop</u>!
www.ninthhouse.com

 <u>Sehen Sie</u> Tom auf Yahoo!
Broadcast Services!
www.leadership.broadcast.com

 <u>Laden Sie Tom ein</u>, zu Ihrer Gruppe zu sprechen!
michellerotzin@tompeters.com

 <u>Erkundigen Sie sich nach Training und Beratung</u>
für Ihr Business!
www.tompeters.com